Ernst Ott

Lilith-Aspekte im Horoskop

AF771757

Standardwerke der Astrologie

Ernst Ott

Lilith-Aspekte im Horoskop

Eine Quelle von Lust und Lebendigkeit

CHIRON VERLAG

ISBN 978-3-89997-225-2

© Chiron Verlag, Tübingen 2014
3. Auflage 2026

Das gesamte Werk ist im Rahmen des Urheberrechtsgesetzes geschützt. Jegliche vom Verlag nicht genehmigte Verwertung ist unzulässig. Dies gilt auch für die Verwertung durch Film, Funk, Fernsehen, fotomechanische Wiedergabe, Tonträger jeglicher Art, elektronische Medien sowie für auszugsweisen Nachdruck und die Übersetzung.

Umschlag: Judith Hamann, Tübingen
Foto © istockphoto.com
Satz: Ronald Parusel, Sigmaringen
Druck: CPI, Leck

Zu beziehen im Buchhandel oder über:
Chiron Verlag, Postfach 1250, D-72002 Tübingen
www.chironverlag.com

Inhalt

Fakten zu Lilith:

Lilith, auch der schwarze Mond genannt, ist ein sensitiver Punkt im Verhältnis von Erde und Mond (Mond-Apogäum) mit einer Umlaufzeit durch den Tierkreis von neun Jahren und einer Verweildauer in jedem Tierkreiszeichen von neun Monaten.

- Weibliches Symbol
- Mythologische Figur aus Mesopotamien mit Charakterzügen einer umfassenden großen Göttin
- In der Tradition jüdischer Überlieferung die erste (gleichwertige) Frau Adams
- Urweibliche Kraft aus der Zeit vor dem Patriarchat
- Seit dem Patriarchat dämonisiert
- In den Emanzipationsbewegungen des 20. Jahrhunderts als Rebellin gedeutet

Es gibt mehrere Berechnungsmethoden. Ich empfehle die mittlere oder die interpolierte Lilith, während die „wahre Lilith" mit Vorsicht zu genießen ist, wie alles, was die Wahrheit schon im Titel führt.

Empfehlung für Lilith-Orben
Lilith zu Sonne und Mond: maximal 8°
Lilith zu Merkur, Venus und Mars: maximal 7°
Lilith zu Jupiter und Saturn: maximal 6°
Lilith zu geistigen Planeten: maximal 5°
Lilith zu Aszendent und MC: maximal 5°

Kapitel 1

Die Urnatur der Planeten

Lilith ist Symbol für eine tiefe archäologische Schicht unserer Psyche, in welcher noch alle Instinkte und eine unverbildete Intuition wirksam sind. Planeten, die einen Aspekt von Lilith empfangen, erhalten die Chance, nach ihren wahren Bedürfnissen zu fragen, anerzogene Gewohnheiten abzulegen und zu ihrer Urnatur zurückzukehren.

Verlorene Urinstinkte

Technik und Zivilisation haben ihren Preis. Je kultivierter wir leben, desto mehr verlieren wir unsere Instinktsicherheit. Niemand wünscht sich heute die Abschaffung der Zentralheizung; niemand möchte, dass die Eber wieder unsere Kohlgärten verwüsten, dass Bären und Wölfe im Stadtwald ihr Unwesen treiben wie in grauer Vorzeit. Diese Epochen sind zum Glück vorbei.

Damals lebten die Menschen wesentlich gefährlicher, allerdings waren sie auch mit einem guten Riecher für die Gefahr ausgestattet. Bei einer Begegnung mit einem Wolfsrudel im Wald waren sie längst nicht so hilflos wie wir. Ihre wache Intuition gab ihnen schnell ohne großes Nachdenken die Überlebensstrategie ein. Sie lebten so naturnah und so vertraut mit tierischem Verhalten, dass sie automatisch wussten, ob stillstehen, angreifen oder fliehen sinnvoll ist. Wir müssten heute zum Smartphone greifen und erst einmal bei Google „Verhalten der Wölfe“ eintippen, um uns über diese unbekannte Gefahr zu informieren, vor der uns die Zivilisation bisher bewahrt hat.

Kultur und ihr Preis

Auch unsere Psyche ist nicht mehr die reine Natur. Jahrhundertelange Gewohnheit hat sie kultiviert und geformt. Wir sind wohlerzogen und zivilisiert; unsere Triebe sind gezähmt.

Im Grunde ist es erfreulich, dass Männer nicht mehr bei jedem Mars-Transit in blinder Triebhaftigkeit den nächstbesten weiblichen Mitmenschen schwängern. Wir sind auch dankbar, dass die Nachbarin, wenn wir mal die Musik zu laut aufgedreht haben, ihren Pluto-Transit nicht dazu verwendet, uns mit dem Faustkeil des Neandertalers zu erschlagen. Im Regelfall können wir uns darauf verlassen, dass unserem Mars oder Pluto ein so primitives Verhalten schon gar nicht mehr einfällt, von der Ausführung des Gedankens völlig zu schweigen. Gott sei Dank gibt es da inzwischen kultiviertere Methoden.

Jede Kultivierung hat jedoch ihren Preis: Unsere Instinkte sind unterdrückt und oft ins Unbewusste hinabgedrängt. Wenn wir schließlich gar nicht mehr merken, dass wir sexuelle Bedürfnisse haben, wenn wir unfähig werden, uns überhaupt zu wehren, dann haben wir für die Kultivierung womöglich einen zu hohen Preis bezahlt. Lilith zeigt, wo unter der Schicht unserer überzivilisierten Lustlosigkeit noch etwas anderes vergraben liegt, nämlich eine unverbrauchte wilde Kraft.

Anlage und Umwelteinflüsse

Gewöhnlich geht moderne Astrologie davon aus, dass unsere Bedürfnisse und Verhaltensweisen von zwei Faktoren beeinflusst sind:

Einerseits von den individuellen Anlagen des Geburtshoroskops, andererseits von gesellschaftlichen Prägungen.

Die Anlagen des Geburtshoroskops können wir relativ klar definieren: Es sind die Planeten als Teilpersönlichkeiten mit ihren speziellen Begabungen und Bedürfnissen. Sie werden gefärbt durch Element und Tierkreiszeichen. Die Häuserstellung verweist auf bestimmte Interessengebiete, bei denen sie sich primär entfalten. Aktuelle Konstellationen wie z.B. Transite wecken diese Teilpersönlichkeiten oder modifizieren deren Bedürfnisse.

Selbstverständlich spielen aber Erziehung und Umwelt ebenfalls eine Rolle. Beispielsweise äußert sich eine im Horoskop angezeigte künstlerische Begabung ganz unterschiedlich, je nachdem, ob in der Herkunftsfamilie des Betroffenen der nackte Existenzkampf vorherrschte oder Freiraum für Kunst, Bildung und Individualisierung vorhanden war. Auch das Geschlechterbild der jeweiligen Zeit prägt uns. Mozarts Schwester beispielsweise, deren musikalische Begabung Wolfgang Amadé Mozart in höchsten Tönen lobte, hatte im 18. Jahrhundert keine Chance, als Berufsmusikerin Karriere zu machen, ganz einfach deshalb, weil sie eine Frau war.

Natürlich oder eingeübt?

Es gibt aber noch einen dritten Faktor, der ebenfalls eine Rolle spielt bei der Frage, wie wir unsere Talente und Bedürfnisse ausleben können. Während wir mit etwas Glück die Bedingungen, die uns die Herkunftsfamilie bot, später verändern können, gibt es eine tiefere Schicht kultureller Prägungen, die uns weitgehend unbewusst bleiben.

Wenn heute die Mehrheit der Männer – ganz unabhängig von ihrer Venus-Stellung - schlanke Frauen attraktiv findet, dann erscheint uns das ganz natürlich. Es ist jedoch eine kulturelle Prägung des Westens, und übrigens noch keine 200 Jahre alt.

Ein anderes Beispiel: Vor mehreren Jahrzehnten wurde in Berlin ein asiatischer Diplomat in ein Konzert eingeladen, welches mit einer Mozart-Ouvertüre begann. Er äußerte danach, das allererste Stück hätte ihm am besten gefallen. Alle glaubten, ihn verstanden zu haben, auch ihnen erschien Mozart wunderbar harmonisch. Es stellte sich jedoch heraus, dass der Diplomat jene Klänge als vertraut und harmonisch empfunden hatte, die an sein Ohr gedrungen waren, bevor der Dirigent auftrat: Das Stimmen und das unkoordinierte Ausprobieren der Instrumente.

Bevor Mozart uns so „natürlich" erscheinen konnte, hat uns die Kulturgeschichte über Jahrhunderte hinweg daran gewöhnt, auch anderes schön zu finden als leere Quinten oder Vogelgesang. Allerdings merken wir nichts mehr von dem Eingewöhnungsprozess, sondern wir halten es für „natürlich". Das Natürliche ist weit künstlicher, als wir ahnen. Es ist seit Jahrtausenden durch menschliche Systeme geprägt.

Verlorene Möglichkeiten

Unsere Venus findet es ganz natürlich, die Frage „Bin ich schön?" durch einen Vergleich mit anderen Menschen zu beantworten. Vielleicht – besonders, wenn unsere Lilith in einer Beziehung zur Venus steht – gibt es da aber in einer tiefer liegenden Region der Psyche auch ein urtümliches Gespür für die eigene Schönheit, die allein aus uns selbst heraus wirkt.

Unser Merkur findet es natürlich, wenn er sich vernünftig äußert und nicht unverständliches Zeug vor sich hin murmelt, das er in Trance empfängt. Doch auch diese Möglichkeit würde in Merkur drinstecken. Auch da gibt es eine ältere archaische Schicht. Lilith kennt viele Ausdrucksmittel jenseits der Wörter und Begriffe.

Unser Jupiter glaubt zu wissen, was Toleranz und Freiheit sind. Wenn er nun bei den Bewegungen des arabischen Frühlings beobachtet, dass es Menschen gibt, die sich befreit fühlen, weil sie endlich das islamische Recht praktizieren dürfen, dann sind wir überzeugt, dass dies unnatürlich sei, und dass diese Irregeleiteten leider in die Steinzeit zurückgefallen sind. Aber subjektiv hat deren Jupiter ganz „natürlich“ aus ihnen gesprochen. Auch diese Natur ist jedoch anerzogen. Gibt es einen Jupiter-Wahrheitsinstinkt, der tiefer wahr ist? Vielleicht eine Art ursprünglicher Recht-auf-Leben-Wahrheit? Wenn ja, dann könnte Lilith uns das Tor zu diesem Instinkt öffnen.

Unserem Mars ist die Gewohnheit abhandengekommen, einfach zuzubeißen. Wir beißen eher die Zähne zusammen, treiben Sport oder entwickeln beruflichen Ehrgeiz. Eine Lilith im Aspekt zu Mars könnte diesen möglicherweise ermutigen, vergessene Strategien in Erwägung zu ziehen und etwa auf eine massive Gewaltandrohung mit einer spontanen Ohrfeige zu reagieren, davonzulaufen und die Sache zu vergessen.

Ist arabischer Frühling nun gut oder schlecht? Ist es gut, Leute zu ohrfeigen? Sobald Lilith ins Spiel kommt, betreten wir einen Bereich, in dem unsere Vorstellungen von Richtig oder Falsch nicht mehr funktionieren. Wer nicht bereit ist, sich in seinem Wertesystem auch mal verunsichern zu lassen, sollte vielleicht Lilith besser aus der Horoskopzeichnung entfernen.

Ersatzbefriedigung und wahre Bedürfnisse

Lilith eignet sich erstklassig, um verzärtelte, zivilisationsgeschädigte Planeten wieder vom Kopf auf die Füße zu stellen. Wenn der Mond nicht mehr so richtig weiß, was er braucht, sondern nur irgendwie launisch ist, wie ein Muttersöhnchen, das nach der Mama ruft, dann kann ihm Lilith helfen, wieder mehr auf den Bauch zu vertrauen. Wenn wir nicht mehr wissen, ob wir noch mehr Klamotten oder noch mehr Schokolade brauchen, dann weiß Lilith sofort, was hinter diesen Ersatzbefriedigungen für ein wahres Bedürfnis steckt. Oft sind es einfache körperliche Notwendigkeiten, Herzenswünsche nach Geborgenheit, Lebendigkeit oder Vitalität.

Lilith kann Planeten-Potenzialen, zu denen sie einen Aspekt bildet, deren urtümliche reine Kraft zurückgeben. Besonders die weiblichen Planeten, welche durch das patriarchale Zeitalter verformt wurden, können dabei eine neue Vitalität entfalten. Vielleicht werden wir allerdings zuerst erschrecken, wenn Liliths archaische Kraft über uns kommt. Lilith hat nämlich kein Problem mit Frauen, die sich einfach Männer nehmen, weil sie Lust auf Sexualität haben. Lilith hat die Lektion der Geschlechter-Erziehung versäumt und findet nichts dabei, dem Mond eines Mannes das Bedürfnis nach Mütterlichkeit zu entlocken. Ebenso wenig scheut sie sich, einer Frau die Axt in die Hand zu geben. Was hat Axt mit Mann oder Frau zu tun? Eine Axt ist eine Axt, wo eine solche gebraucht wird, greift der Mensch danach.

Lilith sagt vielleicht zu Jupiter im Horoskop einer Frau: Werde Priesterin! Wenn uns das merkwürdig vorkommt, weiß sie nicht warum, denn sie hat jenes Konzil versäumt, in welchem beschlossen wurde, dass ab sofort nur noch männliche Priesterschaft natürlich sei.

Lilith kann, wenn es sein muss, auf Kinder verzichten, um ihre freie Liebe zu einem Mann auszuleben. Genauso kann sie in einer anderen Situation einen Mann vertreiben, um ihre Kinder zu retten. Das alles ergibt sich für Lilith selbstverständlich aus der jeweiligen Situation heraus. Dass es für uns tabuisiert war und nun aufregend neu wirkt, geht sie nichts an. Sie vertritt die Position des vollen Lebens. Sie ist auf der Stufe eines Naturmenschen stehen geblieben. Sie hat keine Ahnung von guter Erziehung, dafür klare Instinkte, tiefe weibliche Weisheit und eine große Stärke.

Jeder Planet, der einen Aspekt von Lilith empfängt, ist an einen Kraftstrom angeschlossen. Solche Planeten können mit Liliths Hilfe zur eigenen Urnatur zurückkehren. Lilith ist eine Art Coach, eine Erfrischungskur für zivilisationsmüde Gestalten in uns. Sie führt uns zur Natürlichkeit zurück. Planeten mit Lilith im Rücken erhalten eine große Chance, anerzogene, komplizierte Rücksichten abzulegen und ihre einfache ursprüngliche Kraft wiederzuerlangen.

Kapitel 2

Frau, Göttin, Kraftspenderin

Abbildung 1: Lilith Relief

Betrachten wir die Figur der Lilith etwas genauer. Sie ist eine Naturgöttin und daher bestens geeignet, in uns als Natürlichkeits-Trainerin zu wirken.

Weiblich, göttlich und frei

Ein Relief aus Sumer, das im British Museum in London zu sehen ist, das sogenannte Burney-Relief, etwa 1800 v Chr. entstanden, ist möglicherweise die einzige authentische Darstellung einer Lilith-Gestalt. Es zeigt eine nackte Frau, begleitet von zwei Löwinnen und zwei Eulen. Sie ist demnach eine Herrin der Tiere, eine archaische Beschützerin der Natur. Sie selbst steht für Natürlichkeit.

Die Löwen symbolisieren ohne Zweifel die Kraft sowie das Tag- oder Sonnenprinzip. Die Eulen galten im alten Athen als Tiere der Weisheit. In der noch früheren Epoche der mesopotamischen Lilith sind es vielleicht in erster Linie Tiere des Mondes und der Nacht. Lilith ist also nicht nur eine Frau, sondern alles: weiblich und männlich, Tag und Nacht. Sie ist auch eine Göttin der Polarität, daher die Verdoppelung der beiden heiligen Tiere.

Ein bedeutendes Attribut sind die Flügel, denn Lilith ist eine fliegende Gestalt. Es wird gewöhnlich gesagt, hier sei die Göttin Lilith abgebildet, ich glaube aber, dass die Schöpferinnen oder Schöpfer dieses Reliefs sich scheuten etwas Göttliches – somit Unsichtbares – direkt abzubilden. Es handelt sich um eine Menschenfrau, nämlich eine Priesterin der Lilith. Ich meine zu sehen, dass sie sich die Flügel angeschnallt und über den Schultern festgemacht hat, etwa so, als würden wir heute zu einem Engelskostüm Flügel montieren. Man sieht auch deutlich, dass die Vogelkrallen – die ebenfalls das fliegende Luftelement symbolisieren – um die Füße gebunden sind: Die Priesterin schlüpft in die Rolle der Göttin und verkörpert somit Lilith. Vielleicht ist es eine Art schamanisches Ritual, jedenfalls macht sie sich bereit, die Göttin für einen Augenblick der Trance in ihrem Körper zu empfangen, daher das rituelle Kostüm.

Das wichtigste Deutungsstichwort für die astrologische Lilith lautet: „Lilith ist die urweibliche Kraft in uns". Dies macht das Bild deutlich, allein schon durch die Körperhaltung und natürlich die Löwen, die auch im astrologischen Sinne als Löwe-Sonne-Kräfte gedeutet werden müssen. Darüber hinaus ist das Relief ein Beleg für die Nähe der Lilith zur Großen Göttin, die alles in sich vereinigt, eben auch Tag und Nacht. Die übliche Deutung Liliths als einer schattenhaften, primär nächtlichen Seite der Weiblichkeit ist für mich nicht haltbar. Wie es dazu gekommen ist, dass wir sie oft schattenhaft empfinden, das hat mit der Entwicklung zum Patriarchat zu tun und soll im Verlauf dieses Buches noch öfter zur Diskussion stehen.

Ferner ist Lilith eine geflügelte Göttin der Freiheit. Sie hat – wenn auch nicht ausschließlich – mit dem astrologischen Luft-Element zu tun, besonders mit Wassermann und Uranus. Fliegen heißt nicht nur „drüber stehen können", sondern auch „ich kann davonfliegen, ich mache mich aus dem Staub". Ein Geschenk der Lilith ist die luftige Distanz zu den mitmenschlichen Beziehungsgeflechten und zu den Alltagsnotwendigkeiten.

Lebensräder

Geheimnisvoll sind die Attribute in Liliths Händen. Ein Kenner der mesopotamischen Ikonografie müsste einmal nachforschen, ob es dazu Parallelen in anderen Bildwerken jener Zeit gibt. Ich habe noch keine Deutung gelesen, die mich voll überzeugt hätte, und wage daher eine eigene. In der Art, wie sie sie präsentiert und hochhält, müssen diese runden Gegenstände eine gewichtige symbolische Bedeutung haben, da die Priesterin sie den Menschen zeigt. Ich halte sie für eine Kombination von Kreis und Halbkreis beziehungsweise Sonnenkreis und Mondsichel. Der „Strich“ unter dem Kreis ist keine perfekte Mondsichel, obwohl auch der rechte im Original leicht gebogen ist. Die Sonne in der Mondsichel, das entspricht der Isisbarke der alten Ägypter, welche heute in den Horoskopzeichnungen auch als Signatur für den Planeten Pluto verwendet wird. Die Sonne stirbt abends und wird im Schoß der Mondgöttin auf ihrer Barke durch die Nacht gefahren, um morgens wiedergeboren zu werden.

Ich glaube, dass es sich in diesem Sinn um Lebensräder handelt, die auf eine weitere Botschaft der Lilith verweisen: Leben ist Rhythmus. Leben entsteht, vergeht, ersteht neu, geht wieder unter, um erneut geboren zu werden. Damit wäre eine zusätzliche Symbolik für Lilith deutlich geworden: die zyklische Erneuerung. Planeten, die mit Lilith im Aspekt stehen, können unterdrückt und verdrängt werden, aber niemals zerstört. Sie können in der nächsten Phase – falls wir es zulassen – unbeschädigt neu geboren werden.

Lilith-Aspekte im Horoskop

Lilith ist ein unverwüstliches Potenzial und sorgt dafür, dass angelegte Talente sich nicht aufgeben, auch wenn sie über lange Zeit nicht gefördert worden waren. Jene Anlagen unseres Horoskops, die mit Lilith in Kontakt kommen, sind in gewisser Weise unzerstörbar. Sie sind jederzeit zur „Wiedergeburt“ fähig. Wenn wir bei bestimmten Talenten den Eindruck haben, sie seien uns im Verlauf der Biografie ausgetrieben worden, so hat Lilith sie immer noch zur Verfügung! Wenn wir das Gefühl haben, einige Horoskop-Anlagen seien so verbildet und verkümmert durch Angst, schlechte Erfahrungen, durch negative Erziehungseinflüsse klein gemacht, so sind sie für Lilith immer noch so frisch und kraftvoll wie an unserem ersten Lebenstag. Ähnlich wie Gold jahrzehntelang in Schmutz, Dreck oder Wassertiefen liegen kann, ohne zu oxidieren, zu rosten oder seine Gestalt im Geringsten zu verändern, so behalten auch die Anlagen, die mit Lilith in Verbindung stehen, ein Stück ihrer ursprünglichen Reinheit. Wenn wir bereit sind, sie anzuschauen, glänzen sie plötzlich, so wie ursprünglich im Geburtshoroskop vorgesehen.

Natürlich sollten wir immer an uns arbeiten, denn manche negativen Erfahrungen sitzen tief und erfordern lange Zeit der Therapie oder Selbst-Therapie. Dennoch möchte ich – was Lilith angeht – etwas Gewagtes sagen: Unterdrückte Lilith-Talente müssen sich nicht jahrelanger Behandlung unterziehen, sondern entfalten, sobald sie gerufen werden, eine schnelle Dynamik der heilenden Selbstwerdung. Lilith geht nicht in die Behandlung, Lilith ist eine Naturgewalt: Sie erinnert sich an ihre ursprüngliche Stärke, vergisst die Probleme und schreitet erhobenen Hauptes lachend in die Zukunft.

Das Prinzip der Regeneration und „Wiedergeburt" verbindet Lilith mit Pluto. Doch es gibt auch Unterschiede. Wenn Pluto-Anlagen verteufelt und unterdrückt wurden, dann hat die Umwandlung einen anderen Charakter als bei Lilith. Unter Plutos Einfluss wandeln wir die schmerzvollen Schattenanteile in lustvoller intensiver Arbeit gründlich um, sodass wir dann für ewig gelernt haben, wie das geht, und nie wieder zum Opfer werden. Lilith dagegen vergisst die negativen Einflüsse, erinnert sich an das Ur-Potential und hat dessen Kraft sofort wieder zur Verfügung. Pluto arbeitet die Vergangenheit auf und bezieht daraus Energie für die Zukunft, Lilith lebt in der Gegenwart. Pluto küsst und umarmt den Schatten, wird eins mit ihm, um ihn in Licht zu verwandeln. Lilith weiß, dass sie selbst Schatten und Licht ist und hat kein Problem damit. Pluto benutzt den Schmerz des Opfer-Daseins, um die Opferhaltung abzuschütteln und machtvoll eigenverantwortlich zu werden. Lilith weiß, dass kein Täter sie im Kern vernichten kann. Sie interessiert sich nicht für Machtspiele. Beginnen solche, so schnallt sie ihre Flügel an und geht.

Diese Unterscheidung ist vielleicht etwas plakativ, sollte aber Ähnlichkeiten und Unterschiede dieser beiden Horoskop-Faktoren deutlich machen. Leider sind wir nicht selber die Göttin Lilith, sondern widersprüchliche Menschen, und so geht es in der Praxis nicht immer so schnell wie in der obigen Beschreibung. Aber unser Lilith-Anteil hat solche Talente. Er ist in diesem Sinne unzerstörbar, unbeeinflussbar und nicht zu verbiegen. Wir werden in den folgenden Kapiteln immer wieder sehen, dass Lilith unerziehbar ist, dass sie lebenslang ihre gesunde kraftvolle Natürlichkeit bewahrt.

Deutungsstichwörter

Zusammenfassend können wir direkt aus dem Relief demnach folgende Deutungselemente für die Lilith im Horoskop ableiten:

- Urweibliche Kraft
- Natürlichkeit
- Ganzheitlichkeit, ungeteilte Lebenskraft
- Freiheitsdrang
- Unverwüstliches Potenzial
- Werden und Vergehen, zyklische Erneuerung

Später werden wir aus den mythologischen Erzählungen noch weitere Deutungsstichwörter ableiten. Doch wird bereits jetzt deutlich, dass Lilith manche Qualität der geistigen Planeten in sich vereinigt. Das letzte Stichwort erinnert an Plutos Prinzip von Tod und Neugeburt, die Freiheitsflügel an eine weibliche Variante des Uranus. Die Analyse des Mythos wird diese bekannte rebellische Seite der Lilith bestätigen. Auf die Verwandtschaft mit Neptun kommen wir spätestens im 9. Kapitel, wenn es um Merkur/Lilith-Verbindungen und die Kraft des Schweigens geht.

Die große Göttin

Ich sehe Lilith als eine der letzten Gestalten einer alles umfassenden großen Göttin, die sowohl Schöpferin, Erhalterin als auch Zerstörerin allen Lebens ist und nach der Zerstörung stets wieder neu gebiert. Sie hat ihre Wurzeln in einer Zeit vor der Trennung von Gut und Böse und auch vor der Unterteilung in gute Geister und schädliche Dämonen. Sie könnte nichts anfangen mit unserer Vorstellung des Teufels, so wenig wie mit dem ewig guten lieben Gott. Dass so eine wertfreie und neutrale Einstellung im Patriarchat als „dämonisch und böse“ galt, gibt zu denken. Lilith wurde zum Schattenpol erklärt, gerade weil sie die Trennung von Licht und Schatten ablehnt. Sie zeigt uns aber auch, dass das Patriarchat wohl nicht aus einem Matriarchat hervorgegangen ist, das man sich einfach als "Herrschaft der Weiber“ vorzustellen hätte, sondern aus einer ursprünglichen Haltung der Gleichwertigkeit von Männlichem und Weiblichem.

Ein Charakteristikum jener späteren Haltung, die wir heute Patriarchat nennen, ist die Aufteilung in eine weibliche Göttin der Erde und einen männlichen Gott des Himmels, während davor auch die Himmelsgötter in der Regel Frauen waren. Als geflügelte Himmelsgöttin ist Lilith also eine Vorläuferin der späteren männlichen Himmelsgötter, besonders des Uranus, der ja eine Personifizierung des Firmaments darstellt. Interessant ist übrigens, dass Uranus im Mythos wegen seiner Überheblichkeit im Auftrag der Erdgöttin Gaia kastriert wird. Lilith jedenfalls vereinigt die Aspekte der Erde und des Himmels in sich.

Kapitel 3

Die Urwaldfrau in die Gegenwart holen

Das Urwissen ist nicht verloren

Selbst wenn Sie an Reinkarnation glauben, ist es doch recht lange her, seit wir die Kraft der Lilith auf natürliche und naturhafte Weise in uns trugen. Viel Zeit ist verflossen, seit die Göttin „leibhaftig auf der Erde wandelte". Das muss in der Steinzeit gewesen sein.

Seither brauchen wir unsere Instinkte nicht mehr in derselben direkten Weise wie die Urmenschen. Wir schützen uns vor den Gefahren des Lebens mittels Nachdenken, Vorsorgen und Absichern. Es kommt doch eher selten vor, dass wir am Ende des Winters mit dem Geist eines wilden Tieres Kontakt aufnehmen, es ehrfurchtsvoll an die Höhlenwand malen und dann unter Lebensgefahr töten, um mit seinem Fleisch die hungernden Kinder zu füttern. Wir kaufen fertige Schnitzel, appetitlich verpackt. Die Gefahr ist verschwunden. Die instinkthafte Überlebenssicherheit ebenfalls und auch der unmittelbare Kontakt zur Natur.

So sind wohl diese Urkräfte seit 3.000 oder 4.000 Jahren tot. Dieser Rückschluss erschiene logisch. Doch bedenken wir, dass es in der Psyche nicht logisch zugeht. Die Tatsache, dass der Mensch ein überwiegend irrationales Wesen ist, erschreckt uns zwar immer wieder, hat aber auch Vorteile: In unserem Unbewussten ist die ganze Menschheitsgeschichte abgelagert wie eine Goldader im inneren des Gebirges. Lilith ist das ideale Schürfwerkzeug, um diesen Schatz wieder ans Tageslicht zu heben.

Weil das Unbewusste sehr stark in Bildern denkt, sollten wir uns zuerst einmal ein möglichst plastisches Bild von Lilith machen.

Die Göttin im Urwald

Mir erscheint Lilith, die Herrin der Zyklen und der Tiere, als eine Urwaldfrau. Ich stelle sie mir genau so vor, wie sie auf dem Burney-Relief abgebildet ist, mit Löwinnen, Flügeln und dem Freiheitsgeist der Vögel ausgestattet. Sie ist nackt und natürlich. Und damit sie nicht frieren muss, versetze ich sie in ein warmes Land, mitten in einen üppigen tropischen Urwald. Der Wald eignet sich als Ort der Begegnung mit Lilith gut, denn er ist ein altes Symbol für das Unbewusste.

In Seminaren und auch auf meiner Audio-CD über Lilith biete ich eine Phantasiereise an, bei der die Göttin im Urwald besucht werden kann. Vielleicht hilft diese Szene auch den Leserinnen und Lesern dieser Schrift, ihr inneres Bild der Urgöttin zu vertiefen, daher folgt hier eine kurze Beschreibung. Ich orientiere mich dabei an den Symbolen in Liliths Hand, Kreis in Mondsichel, und mache daraus riesengroße Lebensräder.

Lilith im Urwald des Lebens

In einer kreisrunden Waldlichtung im Zentrum des Urwaldes steht sie nackt und groß in magischem Licht. Mit ihrer Rechten bewegt sie ein großes Lebensrad. Da erscheinen Neugeborene, die wie Pflanzen aus der Erde herauswachsen und auf das Lebensrad aufspringen, Tausende und Abertausende von kleinen Kindern, die dann mit dem Rad nach oben transportiert werden unter den schützenden Augen der Göttin. Mit der anderen Hand dreht sie an einem zweiten Lebensrad, auf welchem Menschen nach unten transportiert werden, alte Menschen, die dann vom Rad abspringen und in die Erde zurückkehren. Manchmal sind auch Junge und sogar Kinder dabei, Tausende und Abertausende, sie verschwinden wie Regentropfen in der Erde. In der Mitte aber steht sie, die Bewegerin allen Lebens, sicher und fest auf dem Waldboden.

Man könnte sich natürlich – wie in alten Darstellungen – nur ein einziges Lebensrad vorstellen, auf welches wir auf der einen Seite aufspringen und nach einigen Umdrehungen auf der anderen Seite wieder abspringen. Ich habe die beiden Lebensräder gewählt, weil ich mich eng an die Darstellung des sumerischen Reliefs halten wollte. Bei solchen Bildern ist es ohnehin wichtig, dass wir – bei Wahrung des Archetypus – unsere eigenen Varianten erschaffen.

Liliths Kraft hochkommen lassen

Wer mag, kann sich in einer ruhigen konzentrierten Stunde mit Hilfe der Phantasie einen persönlichen Zugang zur Gestalt der Lilith verschaffen. Stellen Sie sich dabei in Ihrem Inneren den verborgenen Wald vor, einen Urwald des Lebens, in welchem Lilith wohnt. Warten Sie so lange, bis Sie ein deutliches Bild empfangen oder ein Gefühl oder Energiebild dieser weiblichen Gestalt. Sie ist groß und stark. Nur Sie können zu Lilith Kontakt aufnehmen, sie ist nur für Sie da.

Sprechen Sie nicht mit anderen darüber, aber wann immer es nötig ist, rufen Sie Lilith herbei und geben ihr einen Auftrag. Sie erledigt besonders gerne Aufgaben, die mit alltäglichen Mitteln unlösbar sind und den Verstand überfordern. Dann ist sie in ihrem Element. Mit der Unerschrockenheit eines Raubtiers wird sie sich auf die Aufgabe stürzen. Geben Sie ihr einen Namen, damit Sie diese hilfreiche Kraft jederzeit herbeirufen können. Hier als Anregung ein paar erste Vorschläge: Waldfrau, Hexe, Urweib, Nachtkönigin oder einfach Lilith. Beschenken Sie sich mit einem lebensvollen Bild dieser faszinierenden inneren Gestalt.

Im nächsten Kapitel untersuchen wir den Lilith-Einfluss auf die Häuser des Horoskops. Wenn Sie möchten, stellen Sie sich beim Lesen dabei immer diese Gestalt vor, nehmen Sie Ihre persönliche Lilith-Urwaldfrau als Begleiterin mit bei der Lektüre, das hilft Ihnen, über die bildhafte Ebene einen Teil jener Kraft zu integrieren.

Lilith ist das Urweibliche in unserem Wesen, an dem alle Zivilisierungsprozesse vorbeigegangen sind, etwas Unerziehbares und Wildes in uns. Ich habe die Erfahrung gemacht, dass der Horoskop-Faktor Lilith uns viel darüber erzählt. Bei den Kapiteln über die Aspekte der Lilith möchte ich diese Verbindungen dann so beschreiben, als würde hinter den jeweiligen Aspekt-Planeten eine Art Urzeit-Frau stehen, die ihnen schützend die Hände auf die Schultern legt, sie aber auch kräftig vorwärtstreibt und anfeuert, sich ihr Recht auf Leben zu holen.

Kapitel 4

Häuserstellung der Lilith: Brauche ich ein Paradies?

Der Garten Eden

An einer entscheidenden Stelle im Mythos wird der Streit Liliths mit Adam im Paradies geschildert, auf den wir später an verschiedenen Punkten zurückkommen werden. Adam wollte eine erste Hierarchie unter den Geschöpfen einrichten und über die übrige Schöpfung dominieren. Ein mächtiges Symbol dafür war das sexuelle Verhalten. „Lilith wollte beim Geschlechtsakt nicht unten liegen" heißt es in der Überlieferung. Diese Anpassungsübung verweigerte Lilith und verließ freiwillig den Garten Eden, und zwar, da sie ja ein geflügeltes Wesen ist, fliegend. Sie erhob sich ohne weiteren Gruß in die Lüfte und man musste eine alternative Lösung finden. Man, das heißt Jahwe, der männliche Schöpfergott, und Adam, sein erster Mensch, erfanden daraufhin Eva, die wir aus der Bibel kennen. Sie wurde aus Adam heraus geschaffen und verhielt sich vorerst angepasster.

Mit Eva ging es übrigens auch nur so lange für die Männer gut aus, bis sie vom Baum der Erkenntnis hörte. Mit der manchen Frauen eigenen Lust auf Bildung und Erkenntnis setzte sie sich über die Warnung des Herren hinweg und aß die verbotene Frucht. Seit der rebellischen Tat des Urweibes Lilith tragen auch Frauen, die sich sonst um Anpassung bemühen, ein Stückchen von jenem Geist des Ungehorsams in sich, der so entscheidend wichtig ist für die Weiterentwicklung der Menschheit und den Erhalt des Lebens auf dieser Erde. Doch das mit Eva ist eine andere Geschichte.

Liliths oft beschriebene Flucht aus dem Paradies ist keine Flucht. Es handelt sich eindeutig um einen freien und freiwilligen Aufbruch zu einem neuen Leben, jenseits eines Paradieses, in dem Macht- und Ohnmachtsspiele gespielt werden. Diese Tat der Lilith ist Vorbild für uns. Sie gibt uns Anregungen, wie die Häuserstellung der Lilith in unserem Horoskop zu verstehen ist.

Das falsche Paradies verlassen

Fragen Sie sich einmal mit Blick auf Ihr Geburtshoroskop, wo man Ihnen ein Paradies angeboten hat, das für Sie keines war, sodass Sie es verlassen haben. Oft ist das Häuserthema der Lilith damit verbunden, dass wir in Verhältnisse geraten, die uns eine gewisse Sicherheit versprechen. Diese Sicherheit wird uns vielleicht auch vermittelt, sie ist jedoch an Bedingungen geknüpft, die uns nicht guttun. Vernünftige Normalbürger in unserer Umgebung verstehen unsere Vorbehalte meist nicht. Sie sagen dann: „Das ist doch ein Paradies! Wir alle haben kein Problem damit, mach es wie wir, passe dich an und du wirst dich fühlen wie im Garten Eden." Dieses Paradies ist eine Vernunftlösung, doch wenn wir auf unsere innere Stimme hören, ist es ein Paradies in Anführungszeichen.

Im Horoskop-Haus, in welchem Lilith steht, haben wir das Recht, unser eigenes, wirkliches Paradies zu suchen oder zu erschaffen. Meist ist es daher gesund, die angebotene Vernunftlösung abzulehnen, aus dem sogenannten Paradies abzuhauen und das Neue und Eigene zu wagen. Probieren Sie beim Horoskop-Studium einmal folgenden Deutungsansatz aus: Dort, wo Lilith steht, hat man uns ein „Paradies" angeboten, und wir haben es abgelehnt.

Die obige Formulierung klingt, als ob sicher im Horoskop stünde, dass wir diese Anpassungslösung abgelehnt und uns befreit hätten. Das ist natürlich nicht zwangsläufig so. Wir handeln nach unserem freien Willen und nach den vorhandenen Möglichkeiten. Kann sein, wir vegetieren immer noch im Paradies der faulen Kompromisse. Dennoch ist das angepasste Mitmachen in dem Lebensbereich des Horoskophauses, in dem Lilith steht, meist kein Erfolgsrezept. Jedenfalls nicht für uns, denn es gibt natürlich stets ein paar Patriarchen oder auch patriarchal funktionierende Frauen, die es höchst nützlich finden, wenn wir für sie pflegeleicht und berechenbar bleiben.

So gibt es die eine oder andere Lebenssituation, in der wir – obwohl wir es eigentlich besser wüssten – gute Miene zum bösen Spiel machen, nicht in die Luft gehen, uns nicht davonmachen, sondern bleiben und uns an Kompromisse ketten. In diesen Fällen lautet der Satz also nicht: „Im Haus, in welchem Lilith steht, hat man uns ein Paradies angeboten und wir haben es abgelehnt“, sondern „… und wir hätten es besser ablehnen sollen, wenn wir den Mut dazu gefunden hätten.“

Aber für Lilith ist es nie zu spät. Es ist ein ganz charakteristischer Zug der Lilith, dass sie nicht bereut oder rückwärts schaut, sondern erkennt und handelt. Sollte sie feststellen, dass sie jahrzehntelang ohne es zu merken in beengenden Verhältnissen gelebt hat, dann wird sie keine lange Ursachen-Forschung betreiben, wird nicht darüber grübeln, wird nicht in die Therapie gehen, wird keine Schuldgefühle aufbauen, wird es nicht zur Diskussion stellen. Sie erkennt es jetzt, das ist früh genug. Und sie zieht Konsequenzen. Jetzt.

Lilith in den Häusern des Horoskops

Wenn sich Lilith im *1. Haus* des Geburtshoroskops befindet, ist das angebliche Paradies oftmals eine vorgegebene Ich-Rolle, in die wir zu schlüpfen haben. Unsere Identität wird durch die Umgebung definiert. Wenn Sie Lilith im 1. Haus stehen haben, dann fragen Sie nach jedem „Ich-bin“-Satz, den sie sich sprechen hören, innerlich noch einmal nach: Wer sagt das? - „Ich bin ein bescheidener Mensch"; „ich bin ein gutes Mädchen"; „ich bin diejenige, auf die man sich verlassen kann"; „ich bin immer stark!" usw. Falls Ihnen bei einem dieser Sätze das Herz aufgeht und sie merken: „Das will ich auch sein", dann ist es gut. In allen anderen Fällen fragen Sie sich, wem dieses Selbstbild nützt. Und probieren Sie neue „Ich-bin"-Sätze aus.

Dieses Prinzip gilt auch für die anderen Häuser des Horoskops: Man frage sich, ob das Vorgefundene, das Vorgegebene für einen selber in Ordnung ist, wenn nicht, lasse man sich Flügel wachsen und suche das Weite. Hier ein paar erste Andeutungen dazu.

Mit Lilith im *2. Haus* ist das angebotene Paradies der Sicherheit vielleicht an ein bestimmtes Wertesystem gebunden, das wir zu übernehmen haben. Dann fühlen wir uns benutzt, so als wollte man uns dafür bezahlen, dass wir ein Spiel mitmachen, welches uns nichts bringt. Die Flügel, mit denen wir das Paradies verlassen können, bestehen in diesem Fall aus einem guten Selbstwertgefühl oder aus dem Zorn, sich nicht weiter unter Wert hergeben zu wollen. Vielleicht sagen wir uns dann: „Ich bin es mir wert, dass ich mich nicht bestechen lasse, nicht um ein paar Streicheleinheiten buhle, sondern mein Leben in eigener Regie gestalte und genieße."

Bei Lilith im *3. Haus* geraten wir vielleicht in eine Umgebung, in der verlangt wird, dass wir uns an Alltagsgegebenheiten anpassen, keine kritischen Fragen stellen und uns kommunikativ in den gewohnten friedlichen Bahnen bewegen. Wenn man das gegen Ihren Willen von Ihnen verlangt, dann lassen Sie sich Liliths Flügel wachsen und schwingen Sie sich davon! Die Flügel, das ist Ihre Neugier, ihre Kraft, unbequeme Fragen zu stellen. Manchmal gibt es da auch Vorschriften, wie man bequem und gut zu lernen habe, nämlich so wie die anderen, ordentlich und logisch. Lilith in Haus 3 will aber nicht auf diese Weise lernen, sondern erfindet neugierig ihre eigene Lernmethode.

Mit Lilith im *4. Haus* bietet man uns unter Umständen das Tauschgeschäft an: Zugehörigkeit gegen Wohlverhalten. Man will uns als liebes Kind haben oder als aufopferungsvolle liebende Frau und Mutter oder als „unser guter Junge". Es ist dann die Lust, „böse" zu sein, die uns Flügel verleihen kann. Weil das Bedürfnis der modernen Menschen nach Zughörigkeit sehr groß ist, sind sie bestechlich: Bietet man ihnen ein Nest an, dann sind sie bereit, vieles auszuhalten, auch wenn ihre innere Stimme bereits Warnsignale sendet. Lilith jedoch fragt von Zeit zu Zeit: Wie lustvoll und energiespendend ist eigentlich diese Art der Zugehörigkeit noch?

Mit Lilith im *5. Haus* werden einem oft Spaß und Freude versprochen, solange wir in den vorgegebenen Bahnen mit den anderen mittanzen. Meist merkt man erst später, dass einem dafür abverlangt wurde, auf Selbstverwirklichung zu verzichten. Solange wir uns selbst nicht wichtig nehmen oder gar ins Zentrum stellen, ist alles gut und paradiesisch. Wem das nicht genügt, der muss brüllen lernen wie die Löwinnen der Lilith, mit ihren Eulenflügeln davonfliegen und sich eine eigene Bühne suchen.

Mit Lilith im *6. Haus* wird vielleicht ein vernünftiges Zweck- und Nutzdenken vorgegeben, das wir zu übernehmen haben. Wir werden geliebt, solange wir nützlich sind und das tun, was „etwas bringt". Spätestens, wenn wir merken, dass dieses Paradies unserer Gesundheit schadet, dann haben wir die Wahl, uns weiter als Opfer der Sachzwänge zu fühlen oder zur Lilith zu werden. Sie zahlt ihren Preis, geht und ist frei. – Doch nicht immer ist Flucht nötig. Falls noch etwas zu retten ist, kann Lilith auch die Verhältnisse umgestalten, indem sie sich aus kraftraubenden Gewohnheiten und Erwartungen befreit und das Leben neu organisiert.

Der Lilith im *7. Haus* wird ein Paradies der Liebe und Harmonie versprochen: „Sei anständig, denke stets zuerst an andere, nimm dich zurück, und du wirst geliebt werden“, heißt es da. Sollten wir uns in einem der seltenen Fälle befinden, in denen dieses Rezept funktioniert und die Mitmenschen uns in der Folge schlagartig lieben und verwöhnen, brauchen wir nichts zu ändern. In den übrigen Fällen sollten wir unbequem werden oder Liliths Flügel montieren. Unsere Angst redet uns dann zwar ein, in diesem Fall alle Beziehungen zu verlieren. Wer aber dazu bereit ist, Verhältnisse zu beenden, in denen Geben und Nehmen nicht ausgeglichen sind, dem strömt Liliths Kraft zu. Lilith verleiht Ausstrahlung und Attraktivität. Neue, wertvollere Beziehungschancen werden sich eröffnen.

Bei Lilith im *8. Haus* sind meist bestimmte Tabus einzuhalten; die übrigen Paradiesbewohner empfinden das Verdrängen des unter den Teppich gekehrten als paradiesische Ruhe. Doch Lilith sieht es anders, denn sie schaut hinter die Fassaden. Wenn hinter der Fassade das Mauerwerk bröckelt, dann baut sie um, und wenn man sie nicht lässt, verlässt sie den ganzen Laden. Die Ängstlichen bleiben im maroden Restparadies zurück. Lilith aber steht der Rest der Welt zur Verfügung. Liliths Geschenk im 8. Haus ist die Lust auf erfolgreiche radikale Lösungen, die neues Leben ermöglichen.

Im *9. Haus* finden wir unter Umständen Paradiese des Guten, Edlen und Erhabenen vor. Solange wir den Gottesdienst dieser Ideale mitfeiern, dürfen wir uns paradiesisch und besser fühlen als andere Menschen. Da Lilith jedoch die Neigung zum Bewerten und Vergleichen fast vollständig fehlt, wird sie früher oder später Lust haben, sich mit den „Unedlen“ und „Bösen“ auszutauschen. Sie hat das Paradies der Heuchler verlassen und tanzt in der fröhlichen Gesellschaft der „Teufel“. Sollte das etwa ihre weltanschauliche Aufgabenstellung sein? Kaum zu glauben. Aber Glaubenssachen sind bei Lilith in Haus 9 mit Vorsicht zu genießen.

Menschen mit Lilith im *10. Haus* wird oft ein Paradies von Ansehen, Status und Macht versprochen. „Man“ gehört eben dazu oder nicht. Dabei wird man allerdings unter Druck gesetzt, ständigen Leistungswillen zu beweisen. Doch Lilith fragt nicht nach Leistungslohn. Ihre Frage ist stets: Raubt es Energie oder gibt es mir Energie? Wenn der Aufenthalt in der Welt des Berufs und des Erfolgs vitalisiert und die Lebenslust fördert, ist alles in Ordnung. Andernfalls wäre es Zeit, dieses Paradies zu verlassen. Die flügelverleihende Motivation könnte aus dem 4. Haus, dem Gegenhaus, kommen mit dem Bedürfnis, auch ein Privatleben haben zu wollen und für sein persönliches Wohlbefinden zu sorgen. Auch das 10. Haus selbst könnte motivieren. Dann sagt Lilith: „Ich will keine Rollenspielerin in den Erfolgsstücken anderer sein, sondern meinen eigenen Erfolg gestalten.“

Im *11. Haus* besteht die Paradiesversuchung vielleicht darin, nichts ernst zu nehmen, cool zu bleiben und alles mit einem zynischen Witz auf die Seite zu schieben. „Bleib guter Kumpel unter Kumpeln. Mach keine Probleme“, heißt es da. Lilith fragt sich allerdings: „Für wen genau ist das paradiesisch?“ Und plötzlich wachsen ihr Flügel: Sie hat Lust auf richtig große bedeutende Probleme! Solche, die man anpacken und lösen kann, um dann die Welt neu zu gestalten. Und sie merkt: „Ich brauche gar kein Paradies der gepflegten Langeweile mehr!“

Das *12. Haus* ist das Paradies der Opfer. Man ist zu bedauern, kann von früh bis spät seufzen, hat aber dafür die Freude, völlig unschuldig zu sein. Still, bescheiden und leidend. Dafür erhält man in unserer Gesellschaft viel Aufmerksamkeit. Gelegentlich gibt es paradiesische Ausflüge, sogenannte Helfer-Trips: Man hilft Leuten, die das nicht wollen und nicht schätzen. Nachher fühlt man sich doppelt als guter Mensch und doppelt leidend. – Wir kennen Lilith inzwischen: Muss noch extra erwähnt werden, dass sie keinerlei Ambitionen hat, ein guter Mensch zu sein?

Sie hat höchstens den Drang, ein gutes, kraftvolles Leben zu führen. Hat sie vielleicht sogar an einem versteckten Örtchen dieses Haus-zwölf-Paradieses bereits ihre Flügel bereitgelegt? Oder gar im Stillen eine Flugmaschine gebaut? Einen Senkrechtstarter? Die Gestalten des 12. Hauses bereiten sich gerne heimlich vor und sind daher für Überraschungen gut.

Kapitel 5

Lilith, der eigene Rhytmus

In diesem Kapitel möchte ich in aller Kürze eine Lilith-Deutung vorstellen, die in der astrologischen Literatur meines Wissens noch gar nicht vorkommt, jedoch ganz naheliegend ist: Wo Lilith steht, findet unsere Seele ihr eigenes Tempo und ihren eigenen Rhythmus. Dieser Gedanke leitet sich direkt aus der Natur beziehungsweise aus der Beobachtung des Himmels ab. Da die Deutung der natürlichen Himmelszyklen nebst der Mythologie die Hauptquelle ist, aus der neues astrologisches Wissen entsteht, scheint mir diese Tatsache bedeutsam.

Wenn der Mond langsamer läuft

Lilith markiert die Stelle, an der sich der Mond an seinem erdfernsten Punkt bewegt, am sogenannten Apogäum. Dazu muss man wissen, dass der Mond uns nicht in einem genauen Kreis umrundet, sondern in einer leicht elliptischen Bahn. Im Apogäum hat er einen großen Abstand zum Irdischen, was wir nachher in die Deutung mit einbeziehen werden. Gleichzeitig läuft der Mond dort am langsamsten, legt die kleinsten Tageswege zurück. Lilith bezeichnet in der monatlichen Bewegung des Mondes dessen langsamste und erdfernste Stelle.

Um deren Bedeutung zu verstehen, stellen Sie sich vor, wie der Mond, Symbol für unsere Psyche, einmal monatlich nah an der Erde vorbeikommt und sich ganz ins Irdische verstrickt, sich ernährt, die Kinder ernährt, sich um Haus und Mitmenschen kümmert usw. Dann, knapp 14 Tage später, gelangt der Mond - und mit ihm unser Gefühlsleben – an die Stelle der Lilith, weit weg von den konkreten Alltagsnotwendigkeiten. Ein Bild dafür wäre, dass der Mond dann von der Erde wegschaut in die stillen Tiefen des unendlichen Weltalls hinaus. Dort atmet er zuerst einmal gut durch und seufzt dann wohlig: Hier kann meine Seele regenerieren! Für einen Moment legen die alltäglichen Sorgen über Kinder, Mitmenschen und Lebensumstände eine Pause ein. In diesem Augenblick brauchen wir keine Nähe, kämpfen auch nicht um Zugehörigkeit. Wir sind nur für uns und mit uns unterwegs. Man könnte auch sagen, die Seele hat auf diesem Abschnitt ihres Weges eine größere Nähe zum Kosmos oder zur Allnatur.

Spaziergang durch die Natur

In Erdnähe bewegen sich die Gefühle im Rhythmus der Welt. In Erdferne, bei Lilith, bewegen sie sich im eigenen Rhythmus. Das wirkt gleichzeitig meditativ und kraftspendend. Dem Mond geht es dort vielleicht wie uns, wenn wir in die Natur hinausgehen: Stellen Sie sich vor, Sie haben sich ein paar Stunden Zeit genommen, brechen aus dem Trubel des Alltags aus und gehen übers Land. Vielleicht gehen Sie zu Beginn noch schnell. Viele Gedanken und die Hektik des Tages hängen Ihnen nach. Doch mit der Zeit kommen Sie in eine Lilith-Stimmung: Sie atmen kräftiger, fühlen sich gut durchblutet. Jetzt hören Sie die Vögel singen, spüren Luft, Wetter und Sonne auf Ihrer Haut. Energie kehrt in Sie zurück. Nun spüren Sie ganz von selbst, ob Sie Lust haben, langsamer oder schneller zu gehen, auszuruhen oder auf Bäume zu klettern. Sie haben Ihren eigenen Rhythmus gefunden.

Der Mond wird an seinem Apogäum langsamer, und in vielen Fällen mag es auch bei uns so sein, dass wir im Haus der Lilith Zeit brauchen, wenn wir dort neue Kraft tanken. Das Tempo des Regenerierens und der Selbstfindung ist oftmals ruhiger als das Tempo der Welt. Aber wir sollten daraus kein Dogma machen. Wenn Sie auf dem Naturspaziergang Ihren eigenen Rhythmus suchen, kann dieser langsamer sein als vorher oder auch mal schneller, sanfter oder wilder. Es geht einfach um den in dieser Minute für Sie richtigen Rhythmus.

Das Haus, in welchem Lilith steht, ist ein Ort, an dem wir in unserem eigenen Rhythmus leben sollten. Ich habe mit dieser Deutung – obwohl sie nicht zum üblichen Lilith-Wissen gehört – seit Jahren gute Erfahrungen gemacht. Ich meine, dass ich damit einen astronomischen Naturvorgang sinnvoll auf den menschlichen Bereich übertragen habe. Experimentieren Sie einmal damit in jenem Häuserbereich, in welchem sich Ihre Geburts-Lilith befindet.

Nicht Mitläufer sein

Beim Häuserthema der Lilith sollten wir nicht Mitläufer sein. Es mag in anderen Fällen nichts dagegen sprechen, in einer geführten Gruppe mitzulaufen oder sich an den Rhythmus eines anderen Menschen anzupassen, wir können diesen dann besser verstehen. Aber im Haus der Lilith ist das eigene Tempo gefragt. Da geht es vor allem darum, dass wir uns selber besser verstehen lernen.

Wenn sich beispielsweise Ihre Lilith im 1. Haus befindet, dem Haus der Selbstdurchsetzung, und alle Welt sagt: „Das geht man im Marschtempo an. Los, auf geht‘s, marsch!“, dann hören Sie nicht darauf. Finden Sie Ihr eigenes Tempo. Vielleicht gelingt Ihnen die Selbstdurchsetzung besser im langsamen Foxtrott-Tempo? Oder im Geschwindmarsch? Oder mit einem einzigen kräftigen Forte-Schlag? Eventuell finden Sie es angemessen, Trommeln einzusetzen, um gehört zu werden. Oder wäre der scharfe Klang einer Piccoloflöte wirksamer? Ein anderes Mal macht es Ihnen vielleicht Freude, Ihre Widersacher mit sanften Harfenklängen einzulullen oder mit einer langen Generalpause zu verblüffen. Finden Sie Ihre eigene Musik dabei!

Sobald wir uns in einem bestimmten Lebensbereich bewegen, astrologisch gesprochen, sobald wir auf der Bühne eines Hauses auftreten, sind wir umzingelt von gut gemeinten Ratschlägen: „Mach schnell", sagen die einen, „sei geduldig", sagen die andern. Manche plädieren für eisernen Willen, andere für Gelassenheit. Man kann sicher auch von andern Menschen lernen; in dem Haus, in dem Lilith steht, sollten wir aber primär von uns selber lernen.

Lilith-Häuserthemen

Hier kommen die bekannten Themenstellungen für jedes der zwölf Häuser. Lesen Sie die Fragen des Hauses, in welchem sich bei Ihnen die Lilith befindet und suchen Sie dann eine persönliche Antwort darauf.

Haus 1: Wie präsentiere ich mich? Wie setze ich meinen Willen durch? Wie reagiere ich spontan auf Herausforderungen?

Haus 2: Wie sichere ich mich ab? Wie gehe ich mit Geld und Werten um? Wie komme ich zu einem guten Selbstwertgefühl?

Haus 3: Wie lerne ich am besten? Wie finde ich meine eigene Sprache? Wie drücke ich mich gut aus?

Haus 4: Wo kann ich mich zu Hause fühlen? Wie kann ich meine emotionalen Wurzeln stärken? Was hilft mir bei familiären Fragen?

Haus 5: Wie komme ich zu mehr Kreativität und Lebensfreude? Was macht meine Ausstrahlung aus? Was fördert meinen Spieltrieb?

Haus 6: Wie wecke ich meine Selbstheilungskräfte? Wie analysiere ich mich und die Welt? Wie finde ich meine eigene Ordnung?

Haus 7: Wie liebe ich? Was ergänzt mich? Wen oder was möchte ich anziehen?

Haus 8: Wie komme ich zu lustvoller Sexualität? Wie löse ich Krisen? Wie gehe ich mit Machtfragen um?

Haus 9: Wie finde ich meine eigene Weltanschauung? Wie erweitere ich den Horizont? Wie fördere ich meinen Glauben und Optimismus?

Haus 10: Was ist meine Berufung? Wie finde ich meinen Platz in der Gesellschaft? Wie kann ich die Welt (mit-)gestalten?

Haus 11: Wie finde ich meine geistigen Wahlverwandten? Wie gehe ich Team-Arbeit an? Welche Zukunftsvisionen beflügeln mich?

Haus 12: Wo ist mein Zugang zur Spiritualität? Welche Träume inspirieren mich? Wie komme ich zu erfüllendem Alleinsein?

Falls Ihnen nicht gleich eine Antwort einfällt, fragen Sie sich: Wie würde die Naturfrau aus dem Urwald damit umgehen? Wäre es überhaupt ein Problem für sie? Und wenn ja: Wie würde sie es anpacken?

Für das Haus, in dem Lilith steht, gilt: Lassen Sie die Themen auf sich wirken und spüren Sie immer wieder in sich hinein, in welchem Rhythmus Sie diese Fragen angehen wollen. Vielleicht ist bei derselben Frage heute Ihre Antwort eine andere als gestern. Erwägen Sie die Extreme: Ich stürze mich mit jeder Faser meines Wesens auf dieses Thema, als ginge es um Leben und Tod! Dann stellen Sie sich auch das andere Extrem vor: Ich lasse das Thema ruhen, es soll sich ausschlafen. Probieren Sie wenn nötig auch alle Zwischenvarianten aus. Will ich es schneller angehen oder vorsichtiger? Hören Sie in sich hinein, so lange, bis Sie das Gefühl haben, sich jetzt im aktuell richtigen Rhythmus zu bewegen.

Die Vortragsbezeichnungen in der Musik könnten dabei als Anregung dienen. Da gibt es ja Empfehlungen, wie etwa: Streng im

Takt oder frei im Rhythmus, schneller werden oder rallentando, also verlangsamen. Da gibt es ein fröhlich leichtes Allegro leggiero und ein Grave, also schwer und gewichtig. Es gibt die Empfehlung „ad libitum", also völlig frei im Tempo zu spielen oder zu singen, an anderer Stelle heißt es wieder „a tempo" und es geht geordnet voran. Munter voranschreitend, zögernd, schleppend, mit Kraft, espressivo, zärtlich – solche phantasievollen Begriffe stehen oft über den Noten. Wenn Lilith eine Musikerin wäre, würde sie empfehlen: „Radieren wir diese Bezeichnungen alle aus. Gegen Vorschriften hilft nur eines: Tipp-Ex!" Dann experimentiert sie zuerst in einem geschützten Proberaum mit neuen Tempi, Spielweisen und Rhythmen.

Erfinden Sie Ihre Lebensmelodie neu! Wenn Sie mit Lust und Liebe musizieren, ohne an andere zu denken, wird zuletzt das Publikum ganz automatisch aufhorchen und sich von der eigenwilligen und lebendigen Musik ansprechen lassen.

Eine so originelle Lebensmelodie findet man – bildlich gesprochen – nicht in Erdnähe, sondern abseits vom Gedudel der Alltagsgeräusche. Man findet sie auf dem Lilith-Pfad, draußen, nah bei den Sternen.

Kapitel 6

Unsichtbare Kraft

Vor einem halben Jahrhundert ist Lilith in die Astrologie-Szene eingetreten und hat seither unsere Sicht der menschlichen Psyche sehr bereichert. Wenn tatsächlich etwas an Lilith dran ist – und da spricht einiges dafür – dann ist dies eine Revolution. Ohne dass es die Astrologenzunft nämlich hinreichend diskutiert hätte, fand mit Lilith ein doppelter Tabubruch statt: Einerseits wurde einem sensitiven Punkt erstmals eine archetypische Gestalt zugeordnet, und außerdem nahm man dabei erstmals keine Gestalt aus dem griechisch-römischen Kulturkreis.

Lilith ist kein Planet

Lilith ist ein rechnerischer Punkt aus dem Bewegungsverhältnis von Erde und Mond. Man nennt solche astronomischen Faktoren in der Astrologie sensitive Punkte. Diese sind durchaus bedeutsam, wie etwa die Mondknoten oder der Schnittpunkt des Tierkreises mit dem Osthorizont, der als Aszendent allgemein bekannt ist. Aber in den dreitausend Jahren der westlichen Astrologie-Geschichte ist bisher noch nie jemand auf die Idee gekommen, einem solchen sensitiven Punkt eine Gestalt zuzuordnen. Denn diese Punkte sind keine Archetypen, keine handelnden Figuren in uns. Die Personifizierung blieb bisher ausschließlich den Planeten – oder vielleicht noch den Kleinplaneten vorbehalten.

Es gab da eine sehr klare Ordnung: Die sichtbar kreisenden materiellen Himmelskörper verkörperten sich in der Deutung als

Götter und mythologische Gestalten, während die unsichtbaren sensitiven Punkte als Energie anderer Art beschrieben wurden, meist als Orte. Die Häuserspitzen etwa als Orte, an denen sich die Planeten mit bestimmten Lebensbereichen beschäftigen können, die Mondknoten als Orte, an denen die Lichter Eklipsen bilden können usw.

Lilith, eine Revolution

Welche Teufelin hat uns geritten, einen sehr komplizierten mathematischen Punkt – zweiter Brennpunkt oder Apogäum der Mondbahn – zur Göttin zu erklären, mit einem Namen zu taufen und ihn so den Planeten gleichzustellen? Damit haben wir erstmals eine 3.000 Jahre alte Tradition verlassen. Und dann ist die Göttin Lilith auch noch eine Gestalt, die zwar aus dem Mutterland der Astrologie kommt, aus dem Umkreis der mesopotamischen Inanna-Mythen, die aber weder in Griechenland noch in Rom je eine Rolle gespielt hat und selbst in der jüdischen Tradition nur ganz am Rande vorkommt. Auch das erstmals in der Geschichte der westlichen Astrologie!

Man kann das auf zweierlei Weise deuten: Entweder ist dies ein Beweis dafür, dass die bisherige Lilith-Deutung ein Irrtum ist, eine vorübergehende Zeiterscheinung, die zwar im Augenblick für die gegenwärtigen Generationen wichtig ist, aber keine Zukunft haben wird im System der Astrologie. Mein Verstand neigt zu dieser Ansicht. Man könnte aber auch sagen: Der Tabubruch ist eben nötig. Genau dies ist die Funktion der Lilith, die nicht zufällig in unserer Zeit aufgetaucht ist. Lilith stellt Regeln der bisherigen Astrologie zu Recht infrage. Mein Gefühl neigt zu dieser Ansicht.

Ich würde mir wünschen, dass wir diese Sache noch ein paar Hundert Jahre offen ließen und uns nicht gleich festlegten. Immerhin ist das alte System der Astrologie keineswegs verknöchert, sondern hat seinen Kern bewahrt und Jahrtausende lang überlebt. Seine äußere Form hat sich dabei dauernd gewandelt, die Astrologie hat neue Erkenntnisse integriert, neue Übersetzungen der immer gleich bleibenden Urbegriffe ermöglicht. Keine Philosophie, keine Staatsform, kein Kult kann dies von sich behaupten. Vielleicht ist es doch ganz gut, in dem hochflexiblen System der Astrologie die wenigen Konstanten, die sich seit etwa 1000 v. Chr. bewährt haben, zu erhalten! Zu diesen Konstanten gehörte auch die Regel: „Nur sichtbare Himmelskörper sind als Götter und Gestalten zu verstehen".

Diese Fragen offen zu lassen, bedeutet für mich keineswegs, auf Lilith im Horoskop zu verzichten. Nehmen wir sie als Experimentierfeld! Das Experimentieren hat bisher bereits zu wichtigen und spannenden Erkenntnissen geführt. Aber bleiben wir konkreten Lilith-Deutungen gegenüber wach und kritisch, auch unseren eigenen gegenüber.

Lilith schenkt uns neue Augen

Eines können wir dieser Nachdenkerei jedenfalls entnehmen: Lilith ist kein neuer Planet mit eigenem Charakter. Sie ist eine Urkraft, die das ganze Horoskop neu und weiblicher sehen hilft. Sie selber ist aber unsichtbar.

Nehmen wir einmal an, wir möchten astrodramatisch ein Horoskop darstellen. Dann legen wir Tierkreis und Häuser auf den Boden und stellen Personen für die Planeten des Horoskops hinein. Lilith kommt dabei vorerst nicht vor. Ich nehme jedoch an, dass sie unsichtbar mit dabei ist. Sobald wir uns auf den Tierkreisgrad stellen, in welchem sich Lilith im Augenblick unserer Geburt bewegte, dann geschieht etwas anderes: Wir werden für einen Augenblick zu Lilith und können durch ihre Augen schauen.

Sie gibt uns eine Brille, durch welche wir alles mit neuer Farbe sehen. Nein, nicht in rosa, sondern in den Farben des Urwalds. Es ist eine naturhaft bunte, weibliche Sicht; Lilith lässt uns durch die Brille des Urweiblichen gucken. Zugegeben, eine Brille ist kein sehr poetisches Bild. Daher sage ich bei astrodramatischen Übungen: „Mach die Augen zu und schaue durch Liliths Zauberaugen! Sie zeigt dir die weibliche Seite der Sache." Meistens funktioniert es, auch wenn einige dann kein Bild sehen, sondern vielleicht eine Stimme hören, eine Idee empfangen oder ein neues Körpergefühl empfinden. Wer möchte, kann sich nach jeder Erkenntnis, die aus dem Horoskop entstanden ist, kurz auf die Lilith-Position stellen, um noch eine andere Perspektive zu gewinnen.

Von der Lilith-Stelle im Horoskop aus können wir auf alle Häuser und Planeten schauen und dabei nachspüren, ob wir ihnen noch eine zusätzliche weibliche Farbe abgewinnen möchten. Besonders nötig ist dies bei dem Haus und Zeichen, in welchem sich Lilith direkt befindet, und bei den persönlichen Planeten, die von ihr einen Aspekt empfangen.

Lilith steht unsichtbar hinter den Planeten

Einen normalen Aspekt zweier Planeten deute ich als Dialog zwischen zwei gleichartigen Kräften. Beide treten physisch auf, etwa Merkur, der kluge Denker, und Neptun, der poetische Träumer. Wenn sie in einem Aspekt zueinander stehen, sagt jeder seine Meinung, jeder kann den anderen ergänzen oder stören oder zum Feind erklären oder aber mit ihm zusammenarbeiten, dies ist ja die normale Arbeit bei einem Aspekt: Welchen Dialog will ich diese beiden Figuren führen lassen? Ein Streitgespräch, ein Freundschaftsgespräch oder will ich gar eine Liebesgeschichte daraus machen? Das ist eine Frage des freien Willens, eine persönliche Entscheidung dessen, der diesen Aspekt-Dialog in seinem Geburtshoroskop angelegt hat.

Dass Lilith kein Planet ist, hat nun folgende Konsequenzen: Es tritt nur einer der beiden sichtbar auf. Nehmen wir zum Vergleich einen Lilith-Aspekt zu Merkur. Der kluge Denker tritt also auf und äußert seine Anliegen. Lilith stellt sich unsichtbar hinter ihn und stärkt ihm den Rücken mit weiblicher Kraft.

Bei einer astrodramatischen Übung hat man nun selten Personen zur Verfügung, die sich unsichtbar machen können. Es sind also auch physisch sichtbare Lilith-Spieler zugelassen. Sie stellen sich dann einfach hinter den persönlichen Planeten, erden sich gut, tanken im Herzen eine Portion urweiblicher Kraft und legen dem Betroffenen von hinten die Hände auf die Schulter. Falls er sich unsicher fühlt, kann sich Lilith auch liebevoll an seinen Rücken drücken oder ihn gar von hinten umarmen – immer mit gutem Stand auf Mutter Erde. Es ist erstaunlich, wie das die Planeten ermutigt. Mit Lilith im Rücken geht es meist besser.

Natürlich kann Lilith dann auch typische Lilith-Sätze als Botschaften aussprechen oder den Aspektpartner korrigieren, wenn er sich angstvoll verbiegen will, um sich der Welt zu unterwerfen. Man müsste noch ein Paar Flügel haben, um notfalls aus dem „Garten Eden" der beengenden Verhältnisse davonfliegen zu können.

Während also bei einem Aspekt zwischen zwei Planeten grundsätzlich beide sowohl Sender als auch Empfänger sein können, deute ich Lilith vor allem als Senderin. Natürlich wäre es theoretisch auch denkbar, dass der Planet ebenfalls als Sender wirkt und damit beginnt, die weibliche Urkraft Lilith irgendwie zu beeinflussen oder gar zu erziehen. Aber ich habe gute Erfahrungen damit gemacht, die Lilith in erster Linie aus der Sicht des aspektierten Planeten wahrzunehmen. Dieser erhält vom sensitiven Punkt Lilith eine zusätzliche Botschaft oder einen weiteren Inhalt, und das ist meist schon eine ganze Menge.

Dass Lilith eine unsichtbare Kraft ist, bedeutet nämlich nicht, dass sie etwa unwirksam wäre. Zwar steckt der Mensch in einem sichtbaren und materiellen Körper drin, der theoretisch nach rationalen Ursachen funktionieren müsste. Doch wir sind irrationale Wesen und unsere wesentlichen Triebkräfte kommen aus dem Unsichtbaren. Lilith ist eine unsichtbare Kraft aus dem Reich der – meist unbewussten – geistigen Ursachen.

Kapitel 7

Unbedingte Autonomie – Lilith/Sonne-Aspekt

Strahlend scheint die Sonne auf den Paradiesgarten Eden. Adam singt gerade das fromme Lied „Der Herr ist unsere Sonne". Dann schaut er Lilith an und sagt: „Der himmlische Vater hat uns dies alles gegeben. Er hat uns erlaubt, in Fülle zu leben." Lilith sieht, dass Adam dabei selber strahlt wie eine Sonne und gönnt ihm das. Dennoch denkt sie bei sich: Warum braucht er dafür eine Erlaubnis?

Leidvoll hat sie erfahren, dass Adam zwei Seiten hat: Wenn er vor seinem Herrn und Vater steht, wird er zum kleinen Würmchen und buckelt demütig. Ihr und den Tieren gegenüber spielt er den Tyrannosaurus, jagt und verleibt sich alles ein, was er will, ohne zu fragen.

Lilith spürt, dass ihr letzter Tag mit Adam gekommen ist. Sie schweift noch einmal über die Hügel und durch den Paradiesgarten. Sie spricht mit den Tieren und badet in den klaren Bächen. Abends sieht sie Lust in Adams Augen. „Gleich wird's dir gut gehen, mein Mädchen", meint er, „du kriegst mein bestes Stück zu spüren: Leg dich jetzt auf den Rücken!" Sie weigert sich. Adam sieht sie herrisch an: „Du bist für mich gemacht. Es wird dir guttun; ich bin deine Sonne – weißt du das nicht?" Lilith weiß nur, dass er eher zur Gewalt greift, als sich auf ein Gespräch einzulassen. Schon tritt er näher. „Adieu Sonne Adam! Adieu himmlischer Vater!", ruft sie und ist weg.

Der Mythos erzählt, Lilith hätte das Paradies ohne Reue für immer freiwillig verlassen. Sobald sie sah, dass ihre Autonomie in

Sonne/Lilith-Verbindungen

Wir erkennen sie im Horoskop an folgenden Konstellationen, beginnend mit der am stärksten wirkenden:

- Lilith in Konjunktion, Opposition, Trigon, Quadrat oder Sextil zur Sonne (bis zu einem Orbis von maximal 8°)
- Lilith in dem – der Sonne verwandten – 5. Haus
- Lilith im Löwen
- Lilith in genauem Nebenaspekt zur Sonne (Orbis maximal 1°)

Gefahr war, ist sie davongeflogen. Es müssen ihr also in diesem Augenblick Flügel gewachsen sein, die Flügel der Freiheit. Und sie genoss ab da ihre Selbständigkeit.

Das Patriarchat unterdrückt oft die Individualität

Sonne-Lilith ist der Aspekt der unbedingten Autonomie. Das Autonomiestreben gehört zum Sonne-Prinzip als unproblematisches und natürliches Bedürfnis. Doch in der Realität wird es oft an Bedingungen geknüpft. Wir dürfen unsere Autonomie nur so weit entfalten, als sie keine Hierarchien infrage stellt. Das liegt an der jahrhundertelangen partiarchalen Eingewöhnung.

Autonomie stand lange nur einem einzigen Menschen der Gemeinschaft zu, dem Monarchen. Das Wort bedeutet Alleinherrscher. Seine Autonomie war absolut. Er war König und Sonne. Ein bekanntes Bild zeigt den „Sonnenkönig" Louis XIV., wie er in einer Theateraufführung den Sonnengott spielt. Neben ihm waren keine weiteren Sonnen erwünscht.

Die Sonne im Horoskop moderner Menschen hat also immer eine gewisse Tendenz, ihre Strahlkraft zurückzuhalten. Wegen dieser tief sitzenden kulturellen Prägung fällt es uns leichter, mit Be-

Abbildung 2: Der „Sonnenkönig" Louis XIV.

scheidenheit zu glänzen als mit Stolz. Bescheidenheit ist ein wunderbarer Wert, aber nicht für unseren Sonnen-Anteil! Unsere Sonne steht dazu im Horoskop, damit wir uns selber gut finden, damit wir lustvoll und stolz unsere Persönlichkeit feiern.

Die gelähmte Sonnenkraft

Menschen mit einem Sonne/Lilith-Aspekt im Geburtshoroskop sind sehr empfänglich für ihre urtümliche Sonnenkraft. Irgendwo im Inneren ist da ein fast instinkthafter Zugang zu Kraft und Individualität. Das hat wie jede Konstellation Vor- und Nachteile.

Der Nachteil: Solche Menschen reagieren hochsensibel, wenn sie ihre Kraft bedroht fühlen. Sollte ein Mitmensch versuchen, ihre Individualität zu beschneiden, dann leiden sie furchtbar. Je nach Situation werden sie sich – vielleicht sogar mehr als nötig – raubtierhaft wehren; oder sie versuchen in den Untergrund zu gehen, damit sie niemand mehr als Individuum mit Ecken und Kanten wahrnehmen kann. Und obwohl solche Menschen eigentlich dazu prädestiniert sind, als Original aufzufallen, fliehen sie dann in den Schutz der Unauffälligkeit.

Einige Vertreter dieses Aspekts wurden in Familien hineingeboren, in denen die Rolle des Sonnenkönigs schon besetzt war, und zwar von einem Vertreter, der niemanden neben sich im Zentrum duldete und alle anderen zu Randfiguren degradierte. Das kann der Vater, die Mutter oder jemand anderes sein. Vielleicht gab es auch im System der Ahnen eine Person, die ein unübertroffenes Vorbild darstellte, oder umgekehrt einen Mensch, der im patriarchalen System zum Verlierer gemacht wurde und daraufhin eine Art Verwünschung ausgesprochen hat, es möge auch sonst niemand das Leben lustvoll genießen dürfen.

Wieder andere begegnen später im Leben Autoritätsfiguren, die keine starken Sonnen neben sich ertragen können. Noch andere leiden einfach stärker als der Durchschnitt unter Anpassungszwängen, ohne dass es dafür ein persönliches Schlüsselerlebnis gäbe. Vielleicht kann man dann von außen gar nicht unterscheiden, ob diese Personen ohne nachvollziehbaren Anlass panisch reagieren – übersensibel für dieses Thema – oder einfach ein sehr verletzbares Bedürfnis haben, frei und individuell zu leben.

Unbesiegbares Autonomie-Streben

Der große Vorteil der Lilith-Verbindung besteht darin, dass die Sonne dabei eine Art Überlebenstrieb erhält. Lilith ist das absolute Ja zum Leben. Sollte das Sonne-Talent durch irgendeine Erfahrung unsicher und mutlos geworden sein, dann gibt es daneben eine andere Kraft, die völlig gesund und selbstsicher geblieben ist. Lilith lebt im Augenblick und ignoriert die Probleme von gestern.

Sollte die Sonne ihr Autonomiestreben auf Eis gelegt haben, so kann Lilith jederzeit, wenn es nötig ist, das Eis zum Schmelzen bringen und die Sonne wieder zum Leben erwecken. In jener Schulstunde des Lebens, in der man der Sonne beigebracht hat, was sie alles nicht darf, hat Lilith geschwänzt oder nicht zugehört. Alle lebensfeindlichen Aktionen lässt sie an sich heruntertropfen wie einen warmen Regenschauer. Ist dies nicht möglich, dann geht sie. Genau so, wie sie das falsche Paradies ohne Reue verlassen hat. Alle Bemühungen, das Individuum zurechtzustutzen, um es zu einem nützlichen Werkteil in der Maschine des Patriarchats zu machen, sind an ihr vorbeigegangen. Sie ist der unerzogene und unerziehbare Anteil in uns.

Lilith ist nicht deshalb unerzogen und unverfälscht geblieben, weil sie sich etwa verbissen gewehrt hätte. Sie war einfach auf die natürlichste Weise von Anfang an nie bereit, sich kultivieren zu lassen. Sie hatte ihre Instinkte und diese bewahrte sie sich. Im Grunde hat sie den ganzen Jahrtausende währenden Zivilisierungsprozess verschlafen – abseits der Städte auf einer sonnigen Moosbank im Urwald! Man kann verstehen, dass diese Urwaldfrau der verunsicherten Sonne ihre Kraft zurückgeben kann.

„Ich stehe hinter dir!“

Falls Sie einen Sonne/Lilith-Aspekt haben, dann stellen Sie sich Ihre Sonne bildhaft als Gestalt vor, wie sie in Ihrer inneren Welt vor einem großen Auftritt steht. Hinter ihr steht eine wilde und vitale Urwaldfrau, die der Sonne als Coach zugeteilt ist. Nehmen wir einmal an, die Sonne hat – ohne es sich eigentlich zuzutrauen – ein Engagement für einen bestimmten Auftritt auf der Bühne des Lebens angenommen. Ihr fehlen jedoch Selbstvertrauen und Mut, denn sie weiß nicht mehr, dass es für sie nur eine Aufgabe gibt: Lebenslust zu zelebrieren und damit andere Leute anzustecken.

Jetzt wird Lilith die Sonne ermutigen und befeuern. Sie schafft das, obwohl sie keine Ahnung hat, was ein Engagement ist. Das Wort Bühne ist ihr unbekannt, das Wort Gesellschaft auch. Sie weiß nicht einmal, was Selbstverwirklichung ist. Aber sie legt der Sonne von hinten beide Hände auf die Schultern und übermittelt ihr etwas von jenem göttlichen Urfeuer, das Individuen seit Jahrtausenden ihre Ausstrahlung und Stärke gibt.

Noch steht die Sonne hinter der Bühne und sorgt sich um den bevorstehenden Auftritt: „Auf jener Bühne dort gibt es Probleme“, klagt sie. Damit kann Lilith nichts anfangen. Sie weiß nicht, was Probleme sind. Sie stärkt der Sonne den Rücken und sagt ihr leise ins Ohr: „Ich stehe hinter dir. Sei du selber. Du hast das volle Recht dazu. Setze dir keine Grenzen.“

Keine Grenzen? Nein. Erst wenn die Sonne sich anschicken sollte, andere Menschen totzutrampeln oder Tiere zu quälen, würde Lilith eingreifen. Das würde sie aber nicht als Begrenzung empfinden. Sie weiß einfach, dass es andere Wesen gibt, welche die Schöpfung genauso natürlich schützt. „Heißt das", fragt die Sonne verunsichert, „ich darf alles?" „Ja, wenn du als Teil der Schöpfung handelst." Lilith schweigt nun, aber die Sonne spürt die glutvolle Wärme von Liliths Händen auf ihren Schultern, vergisst die Ängste, geht hinaus und es gelingt. Ein großes Fest der Lebenslust beginnt.

Lilith befreit die Sonne vom patriarchalen Korsett

Lilith ist ein Angebot, die mit ihr verbundenen Planeten vom Korsett der patriarchalen Einseitigkeit zu befreien und auf eine mehr weiblich-ganzheitliche Art auszudrücken. Die folgende Gegenüberstellung macht deutlich, wie sich die Sonne im Energiefeld der Lilith verändern könnte.

Patriarchale Sonne	Sonne unter Lilith-Einfluss
individuelles Verhalten	individuelles Sein
verhält sich autoritär	ist eine Autorität
duldet keine anderen Götter neben sich	freut sich über kreative Menschen neben sich
Topstar, Primadonna	auch zu Teamarbeit fähig
schöpferisches Ergebnis wichtig	schöpferischer Prozess ist wichtig
fordert Applaus und Lob	genießt Applaus und Lob
kann schlecht verlieren	kindliche Spielfreude
Selbststilisierung	Selbstbewusstsein
Allmachtsphantasien	alle Macht kommt aus der Phantasie

Die linke Spalte zeigt dabei nicht „das Männliche" an sich, sondern die im patriarchalen Zeitalter einseitig gewordene Sonne. Sie zeigt auch nicht, „wie die Männer sind", obwohl einige Männer sich noch an diesem herkömmlichen Wertesystem orientieren. Und die rechte Spalte zeigt nicht etwa, „wie Frauen sind", sondern wie der männliche Planet Sonne unter dem Einfluss der Lilith an Farbe gewinnen kann.

Jene verbissene Anstrengung, die nötig ist, um immer und ununterbrochen stark zu sein, gehört der Vergangenheit an. Sie weicht einem natürlichen Rhythmus: Jetzt bin ich stark und kräftig, dann regeneriere ich. Alles zu seiner Zeit. Während die patriarchale Sonne sich anstrengt, niemals unterzugehen, schläft die Lilith-Sonne nachts entspannt und erneuert sich zyklisch.

Unter Mitwirkung der Lilith strahlt die Sonne also selbstverständlicher von innen heraus. Gerade wenn sie sich in den männlichen Feuer- und Luftzeichen befindet, ist das als Ergänzung wohltuend bemerkbar. Auch die willensstarke Skorpion-Sonne profitiert von der weiblichen Gelassenheit, während sich bei den übrigen Wasser- und den Erdzeichen deren weiblich-organischer Charakter verstärkt, sobald sie einen Aspekt von Lilith empfangen.

Vaterkonflikt und Kinderreichtum

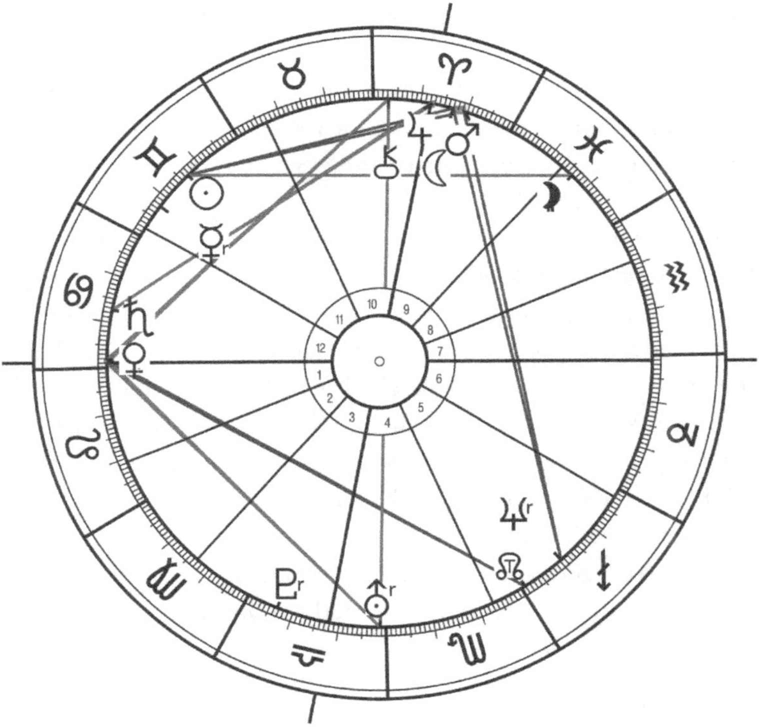

Abbildung 3: Angelina Jolie: 4. Juni 1975 um 9:09 Uhr in Los Angeles, USA/CA, Rodden Rating AA

Angelina Jolie wurde mit einem auf fünf Bogenminuten genauen Sonne/Lilith-Quadrat geboren. Die erste Erfahrung mit dem Sonne-Prinzip machte sie mit ihrem Vater, dem berühmten Filmschauspieler Jon Voight. Es bleibt ein Geheimnis, warum die Tochter nichts mehr mit dem Vater zu tun haben will. Entweder hat er ihr etwas angetan oder war sonst ein negatives Sonne-Vorbild. Vielleicht verträgt Angelinas Sonne auch einfach keine Konkurrenz. Jedenfalls hat diese Frau eine enorme Lebens- und Schaffenskraft entwickelt. Dabei spielt es keine Rolle, ob wir dies als eine unbewusste Kompensation deuten, weil sie ihren Vater überflügeln wollte oder ob die Lilith-Energie ihr einfach ein Vielfaches an Kreativität verleiht.

Als Lilith zum dritten Mal über ihre Geburtsstellung in den Fischen transitierte (und damit natürlich auch über das Quadrat der Sonne), stellte Angelina einen Antrag auf Namensänderung, um den Namen ihres Vaters loszuwerden. Am 12. September 2002 wurde dies offiziell anerkannt. Dabei stand der laufende Mondknoten auf ihrer Geburtssonne.

Die Frau mit den vielen Berufen - Schauspielerin, Regisseurin, UN-Sonderbotschafterin, um nur wenige davon zu nennen - hat ja bekanntlich nebenbei noch den Willen, eine Menge Kinder großzuziehen. Vielleicht ist das auch ein Lilith-Motiv, besonders, wenn wir uns die adoptierten Kinder vergegenwärtigen. Es ist so, als ob Lilith sagen wollte: „Ich bin bedingungslos Mutter. Die Väter spielen dabei keine Rolle".

Wenn wir außerdem noch an die dominante Venus denken und daran, wie Angelina Jolies Erotik und Schönheit inszeniert wird, dann sehen wir hier eine Lilith-Persönlichkeit vor uns, welche die Venus-Rolle der Geliebten und die Mutterrolle vereint und die mit solarer Großartigkeit in beidem Weltmeisterin sein will.

Weitere Lilith/Sonne-Persönlichkeiten

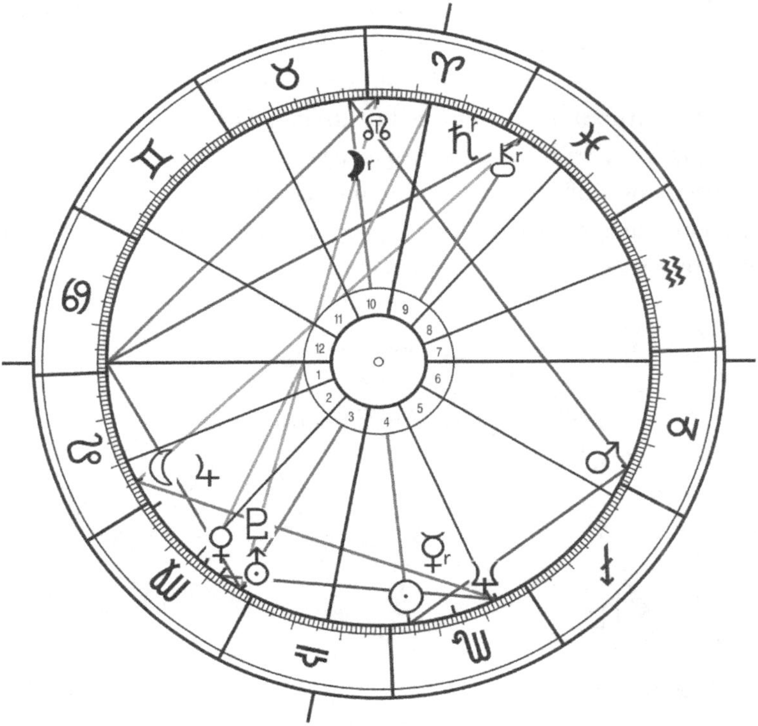

Abbildung 4: Julia Roberts: 28. Oktober 1967 um 0:16 Uhr in Atlanta GA, Rodden Rating AA

Bei Julia Roberts finden wir im 10. Haus, dem Haus der Berufung, eine Lilith im Stier. In beinahe minutengenauer Opposition dazu steht die Skorpion-Sonne. Auch Julia Roberts hat mit Vätern nicht die besten Erfahrungen gemacht. Ihre Eltern ließen sich scheiden, als sie noch ein kleines Kind war, ein Stiefvater scheint Julia und ihre Geschwister misshandelt zu haben, worüber Julia Roberts aber bewusst schweigt, und zwar, wie sie sagt, aus Respekt gegenüber ihrer Mutter. Diese Wertschätzung der Mutter könnte ebenfalls ein Lilith-Motiv sein.

Passend zur Lilith-Opposition auf der Achse Stier-Skorpion feierte sie ihren ersten Film-Welterfolg in der Rolle der *Pretty Woman*, einer Hure. Das Schöne und Gute siegt dort. Dann aber drehte sie den Film *Mirror Mirror* mit dem deutschen Titel *Spieglein Spieglein – Die wirklich wahre Geschichte von Schneewittchen* und übernahm darin die dämonische Rolle der bösen Stiefmutter. Lilith lässt sich eben nie auf eine einzige Rolle festlegen, ganz abgesehen davon, dass es sehr lustvoll ist, böse Rollen zu übernehmen.

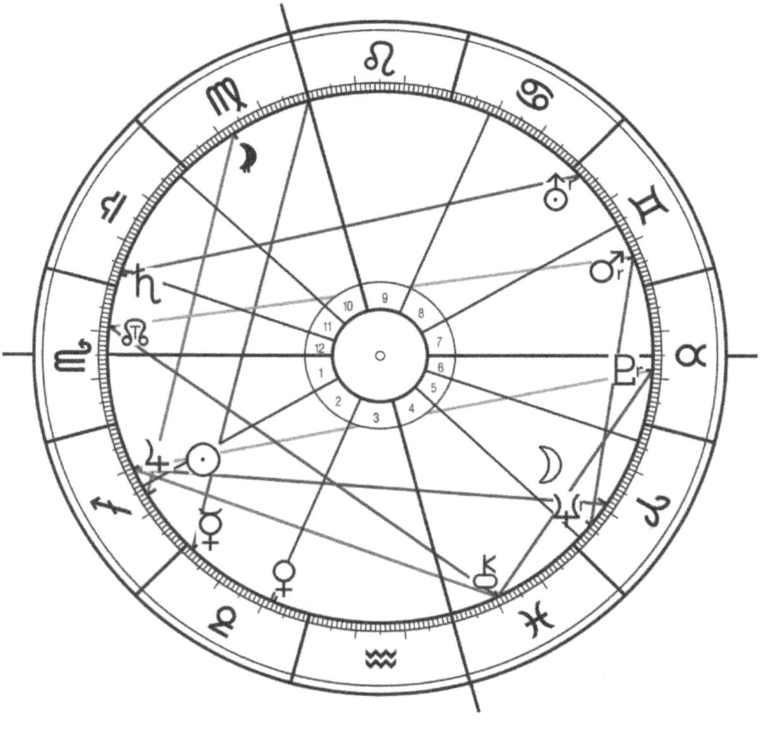

Abbildung 5: Camille Claudel : 8. Dezember 1864 um 5:00 Uhr in Fère-en-Tardenois, France, Rodden Rating AA

Aber nicht nur Bühnendarsteller finden wir unter den Sonne-Lilith-Persönlichkeiten, sondern auch die Bildhauerin Camille Claudel. Ihre Tragik lag in einer strahlenden Vaterfigur, dem fast 25 Jahre älteren Auguste Rodin. Sie war genauso hoch begabt wie ihr Lehrer und zeitweiliger Liebespartner Rodin. Dieser ging aber wenig wertschätzend mit seiner Kollegin und Geliebten um. Ihr Versuch, ihn durch stolze vertragliche Forderungen zu sexueller Treue und Anerkennung ihrer Arbeit zu zwingen, hatte keinen Erfolg. Camille Claudels Lilith-Überlebenskräfte führten zwar dazu, dass sie noch 50 Jahre physisch überlebte, aber sie verfiel in Verfolgungswahn, Geisteskrankheit und Vergessenheit. Nur ihre Werke strahlen bis heute höchste Schöpferkraft aus.

Weitere interessante Persönlichkeiten mit einem Lilith/Sonne-Aspekt sind Elisabeth von Österreich-Ungarn, die sogenannte „Sisi“, ferner Alice Bailey, die Mutter der modernen Esoterik, und die Astrologin Liz Greene.

Kapitel 8

Böser Dämon oder Kraftspenderin? – Lilith/Mond-Aspekte

„Sie ist ein böser Geist, hüte dich vor ihr“, so raunte man sich zu. Alle versuchten sich vor Lilith zu schützen. Die Abwehrstrategien waren so unterschiedlich wie die Menschen: Man sprach nicht über sie oder man trug Schutzamulette, man floh in fromme Gebete oder verfluchte sie.

Böser Geist

Goethe kam zur Welt, als sich Lilith im Zenit über seinem Geburtsort befand und in Opposition zu seinem Fische-Mond.[1] Das Ewig-Weibliche zog ihn hinan. Er schätzte die Frauen, doch wenn er an Lilith dachte, war auch bei ihm der Spaß zu Ende. Zwar faszinierten Goethe mit seinem Skorpion-Aszendenten und Pluto im 1. Haus Gruselgeschichten, aber in der Walpurgisnacht dichtete er:

„Lilith ist das, Adams erste Frau.
Nimm dich in Acht vor ihren schönen Haaren,
vor diesem Schmuck, mit dem sie einzig prangt.
Wenn sie damit den jungen Mann erlangt,
so lässt sie ihn so bald nicht wieder fahren.“[2]

---

[1] Johann Wolfgang Goethe, geboren am 28. August 1749. Er kam „mit dem Glockenschlage zwölf in Frankfurt am Main auf die Welt“, wie er im ersten Satz von *Dichtung und Wahrheit* selber schreibt.

[2] Johann Wolfgang von Goethe: *Faust, der Tragödie erster Teil*, Walpurgisnacht, Verse 4119 – 4123.

Wie so oft, wenn etwas tabuisiert wird, fürchtet man sich zwar, weiß aber nicht so recht, wovor man sich eigentlich fürchten soll. Das Kind fragt: „Großvater, wer ist Lilith und was macht sie genau?“ Unwirsch wird es abgewehrt: „Sie ist ein böser Geist, und jetzt sei ruhig!“ Menschen, die im Banne eines Tabus gefangen sind, wissen auf offene Fragen nach dem Grund ihrer Furcht meist keine inhaltliche Antwort. Sie verfügen über Bewertungen, Abwertungen, Flüche, wissen jedoch wenig Konkretes darüber. „Es ist böse“ – das muss genügen. Kinder, die dennoch weiterhin Fragen stellen, sind für die mit Angst besetzten Erwachsenen eine ziemliche Herausforderung.

Männer haben Lilith die Schuld für nächtlichen Samenerguss in die Schuhe geschoben. Eigentlich ein harmloses Delikt. Um die Sache etwas zu dramatisieren, ergänzte man/Mann: Sie reitet nachts im Traum als geiler Dämon auf uns herum und treibt uns zu einer bösen Verschwendung unserer Samen. Das erinnert etwas an die düstere Phantasie, mit der manche Priester das Onanie-Verbot zu begründen versuchten.

Lilith und ihre Kinder

Schwerer wiegt der Vorwurf: Lilith tötet Kinder. Wenn in früheren Zeiten Kinder bei oder nach der Geburt starben, so gab man Lilith die Schuld. Man dachte dann nicht etwa an ein Wirken der Natur, nicht an die unvollkommene Hebammenkunst, nicht an die eventuell von Armut und Hunger geschwächte Mutter, nein, man dachte an die böse Dämonin Lilith, sie musste das Kind geholt haben. Man gab gebärenden Frauen magische Amulette, um Lilith abzuwehren. Starb das Kind dennoch, so stellte man nicht das eigene Vorurteil infrage, sondern stellte das nächste Mal ein besseres Amulett her. Angst ist ein schlechter Ratgeber. Sie verleitet meist zu unlogischem und unwirksamem Verhalten. Die Angst denkt nicht. Sie sagt: Lilith tötet Kinder. Basta.

Wie ist Lilith wirklich? Sie bringt mit Freuden Kinder auf die Welt, wenn sie spürt, dass dies in einer bestimmten Lebensphase angesagt ist. Sie gibt dabei jedoch ihre Identität nicht auf. Die Mutterrolle ist Teil von ihr, aber sie selber ist mehr. Sie beendet nicht das Leben der Kinder, aber wenn die Zeit dazu gekommen ist und die Kinder flügge werden, beendet sie ihr Mutter-Dasein und gibt die Kinder frei. Dann beginnt eine neue Identität in ihrem Leben als Frau, jenseits des Mutterseins. Lilith tötet Rollenverhalten, nicht Menschen.

Frauen mit einer Lilith/Mond-Verbindung im Horoskop sollten ganz auf die innere Stimme hören, bei der Frage, ob, wann und wie sie Kinder bekommen möchten. Wir sind umzingelt von Meinungen und Bewertungen: Kinder sind die Erfüllung, Kinder sind eine Plage, mit Kindern muss man sich so und so verhalten. Die Mond-Lilith-Frau jedoch wird tief im Inneren spüren, wie es individuell richtig ist, auch wenn man das niemandem gegenüber begründen kann. Lilith hat Instinkte und innere Sicherheit, keine Gründe und keine Rechtfertigungen.

Wer ist das verschlingende Monster?

Frauen, die auf solche Weise aus der Rolle fallen, erschrecken damit die Patriarchen, welche auf berechenbares Wohlverhalten aus sind. Ihnen erscheint die Frau dann als ein männermordendes und kindermordendes Monster.

Irrtum, denn in Mythologie und Legenden sind es stets die Männer, welche Kinder fressen: So Saturn, der nur durch einen Trick seiner Frau Rhea zuletzt dazu gebracht werden kann, damit wieder aufzuhören. So Herodes mit seinem Kindermord von Bethlehem. Auch in der Realität sind es die Männer, die ihre Kinder zu Helden erziehen und im Krieg töten, während Friedensbewegungen überwiegend von Frauen ausgehen.

Wie kam es dazu, dass man Lilith das Kinderfressen dennoch unterstellen konnte? Man wusste, dass Lilith, Adams erste Frau, beim Geschlechtsverkehr nicht unten liegen wollte und deshalb das Paradies freiwillig verlassen hatte. In der daran anschließenden Szene des Mythos genießt sie ihre Freiheit, steht nackt im Roten Meer und wird zu einer kraftvollen Elementar-Göttin. Daran knüpften die Herren Patriarchen nun die folgende Legende.

Ungehorsam wird bestraft

Adam beklagte sich bei seinem Herrn und Gott, dass Lilith, „das Weib, das du mir gegeben hast", aus dem Paradies abgehauen sei.[3] Darauf schickte der Herr drei Boten, um Lilith zurückzubringen, „und er sprach zu ihnen: Will sie zurückkommen, so ist es gut, will sie aber nicht, so muss sie es auf sich nehmen, dass täglich hundert ihrer Kinder sterben." Diese Boten des Herrn, die gleich im nächsten Abschnitt als Engel bezeichnet werden, „fanden sie im Meer, in reißendem Wasser stehen. Aber sie wollte nicht umkehren; da sprachen die Engel: Wir ertränken dich im Meer. Sprach Lilith: Lasset ab von mir, wisset ihr nicht, dass ich nicht umsonst erschaffen bin, und dass es meine Bestimmung ist, Säuglinge zu verderben; ist's ein Knabe, so habe ich bis zu seinem achten Tage über ihn Gewalt, ist's ein Mägdlein, so habe ich sie bis zum zwanzigsten Tage. Doch schwor sie ihnen, dass sie allezeit, wann immer sie Gestalt oder Name der Boten erblicken wird, von dem Kinde lassen würde. Auch nahm sie es auf sich, dass täglich ihrer

---

[3] Alle Zitate dieses Abschnitts stammen aus dem Werk von Micha Josef Bin Gorion: *Die Sagen der Juden, Band 1*, von der Urzeit: jüdische Sagen und Mythen. Verdeutscht von Rahel Ramberg-Berdyczewsky. Frankfurt a. M. 1913

eigenen Kinder hundert sterben sollten. Das geschieht auch." Zuletzt wird noch empfohlen, dass man deshalb die Namen dieser drei Engel-Boten auf ein Amulett schreiben solle, um Lilith von der Kindstötung abzuhalten.

Hintergründe von Kindermord und Abtreibung

Diese stark patriarchal verfälschte Geschichte lässt erkennen, dass in der ursprünglichen Fassung des Mythos Lilith offenbar nichts weniger ist als die Große Göttin, die Mutter des gesamten Menschengeschlechts. Wir erfahren das nur zwischen den Zeilen, aber es können nicht täglich hundert ihrer Kinder sterben, wenn sie nicht täglich Tausende davon zur Welt bringt.

Entscheidend für unseren Zusammenhang ist jedoch die Frage, wer auf die unselige Idee kommt, Kinder zu vernichten? Es ist der männliche Gott, der sich diese Strafe ausdenkt. Und es ist typisch für Lilith, dass sie darüber nicht zum jammernden Opfer wird, sondern das Unabwendbare trotzig bejaht. Sie antwortet sozusagen auf die Todesdrohung mit der massenhaften Geburt neuen Lebens.

In Astrologie-Büchern steht, dass manchmal unter Lilith-Auslösungen im Horoskop Abtreibungen zu beobachten seien. Ich bin da etwas skeptisch. Aber wenn es einmal vorkommen sollte, so ist das Lilith-Typische daran nicht, dass das Kind abgetrieben wurde, sondern vielmehr, dass „man" die Frau in eine Welt gesetzt hat, in der es zu Abtreibungen kommen kann. Keine Frau treibt aus Lust am Töten ab. Mythologisch gesprochen tut sie es, weil die männlichen Götter dieser Welt sie dazu verflucht haben, real aus einer Notsituation heraus, die von der Gesellschaft erschaffen wurde. Und diese Gesellschaft war in den letzten zweitausend Jahren nicht sehr wertschätzend Frauen und Kindern gegenüber.

Mond/Lilith-Verbindungen

Wir erkennen sie im Horoskop an folgenden Konstellationen, beginnend mit der am stärksten wirkenden:
- Lilith in Konjunktion, Opposition, Trigon, Quadrat oder Sextil zum Mond (bis zu einem Orbis von maximal 8°)
- Lilith an der Himmelstiefe, Imum Coeli (IC)
- Lilith an anderer Stelle in dem „mondhaften“ 4. Haus
- Lilith im Krebs
- Lilith in genauem Nebenaspekt zum Mond (Orbis maximal 1°)

Die Sängerin Nena kam mit einem Mond/Lilith-Aspekt zur Welt. Sie hatte bei der Geburt ihres Sohnes am 2. Februar 1983 einen Herzstillstand und bewegte sich nah an der Grenze des Todes. Damals erhielt ihre Geburts-Lilith gleichzeitig Aspekte von Saturn, Uranus, Chiron, Jupiter und den Mondknoten. Ihr Kind war behindert und starb nach einigen Monaten. Möglicherweise hat diese Erfahrung jedoch nach einer leidvollen Verarbeitungsphase positiv auf Nena gewirkt. Sie bekam noch gesunde Kinder und erfreute das junge Publikum nun mit ihren Kinderliedern. Die Lilith-Kraft gab ihr nicht nur einen starken Willen zum Weiterleben, sondern - in ihrem 9. Haus, dem Haus der Weltanschauung stehend – auch Motivation, sich für eine freiheitliche Alternativschule einzusetzen. Heute orientiert sie sich an der Philosophie Oshos und betreibt dessen dynamische Meditation.

Rückenstärkung für den Mond

Die lange Zeit des patriarchalen Herrschaftsdenkens hat unseren Mond geprägt. Sie hat unsere Vorstellung vom Kind sein, Frau sein,

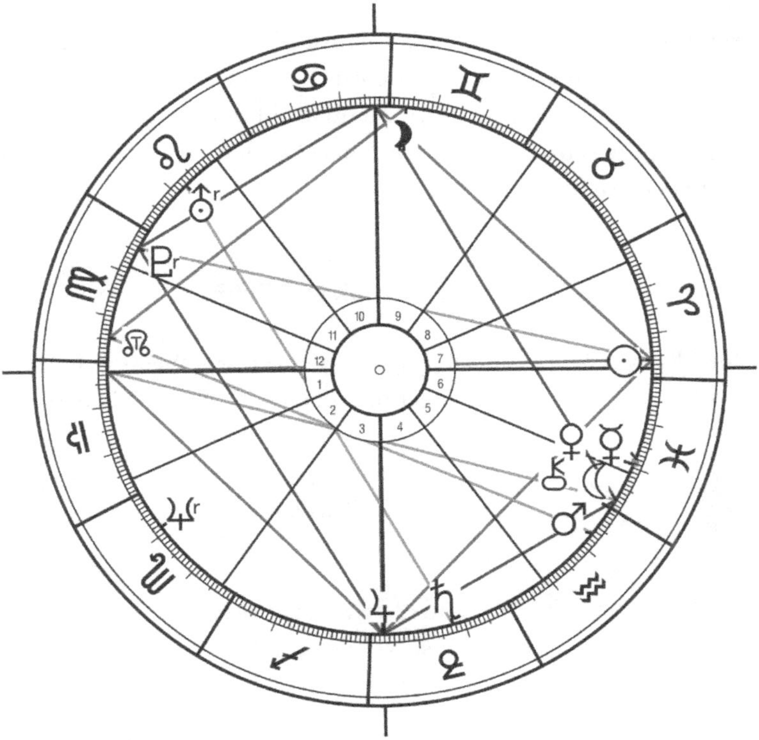

Abbildung 6: Nena (Gabriele Susanne Kerner), geboren am 24. März 1960 um 18:34 Uhr in Hagen bei Arnsberg, Niedersachsen, Quelle Astro-Wiki, Rodden Rating AA

emotional sein in angepasste Bahnen gelenkt. So haben heute unterschiedliche Menschen dazu oftmals dieselbe Meinung, obwohl sie alle eine individuelle Mondstellung haben.

Jenen unter uns mit einem Mond/Lilith-Aspekt stellt sich die Aufgabe, diese kulturellen Prägungen zu hinterfragen. Lilith, die Urwaldfrau, möchte sich in deren Biografien ausdrücken. Sie hat noch nie etwas von Ehe- und Familienkonzepten gehört. Sie hat nie ein Erziehungsbuch gelesen. Aber sie weiß mit traumwandlerischer innerer Sicherheit, was Frauen brauchen, um stark und glücklich zu sein, was Kinder brauchen, um sich natürlich entfalten zu können, was Männer brauchen, um das Leben zu schützen und zu genießen. Lilith kann dem verunsicherten Mond in entscheidenden Augenblicken den Rücken stärken und ihm ins Ohr flüstern: „Es ist gut für das Leben. Tu's!"

Was brauche ich wirklich?

Der Mond steht für die alltäglichen Bedürfnisse. Wenn sich unser hungriges inneres Kind meldet und quengelt: „Ich will hier raus!"

Echte Bedürfnisse

Experiment
Schreiben Sie spontan und ohne zu überlegen mehrere Dinge auf, die Sie brauchen, um sich wohlzufühlen: Ich brauche …

Überprüfung
Fragen Sie sich, ob auch Dinge dabei sind, die zwar eine Sucht oder Gewohnheit befriedigen, Ihnen aber nicht wirklich guttun.

Die tiefere Ebene finden
Fragen Sie sich bei diesen Ersatzbefriedigungen: Welches Gefühl will ich mir dadurch verschaffen? Hinter jeder Ersatzhandlung steckt ein echtes Bedürfnis, beispielsweise nach Nähe, Wärme, Bewegung, Ruhe, Veränderung usw.

Neue Wege
Wenn Sie das echte Bedürfnis so für sich benannt haben, dann suchen Sie einen neuen Weg, um dieses auf gesunde und lustvolle Weise zu befriedigen.

oder „ich will heim ins Bett“ oder „ich brauche Kuchen“, dann sind das manchmal nur Ersatzbedürfnisse. Der Kasten auf Seite 72 gibt Anregungen zum Umgang mit diesen etwas fragwürdigen Mond-Äußerungen.

Erziehung und Sozialisation haben uns früh beigebracht, dass beispielsweise das Bedürfnis laut zu schreien „schlecht“ ist; „gut“ ist es hingegen, sich mit einem Schnuller zu beruhigen. Das ist manchen von uns zum Automatismus geworden, und so fallen unserem Mond dann lauter Schnuller-Bedürfnisse ein.

Auf Liliths Stimme hören

Dagegen hilft nur Lilith. Sie stammt aus jenen kraftvollen archaischen Epochen, als es noch keine Schnuller und Beruhigungspillen gab. Sie kennt die natürlichen echten Bedürfnisse. Sie braucht nicht auf den „Bauch“ zu hören. Sie ist der „Bauch“.

Wenn Sie mit einem Mond/Lilith-Aspekt geboren wurden, so stellen Sie sich vor, dass hinter Ihrem Mond stets diese urweibliche Gestalt steht. Spüren Sie, wie Lilith Ihrem Mond schützend und motivierend die Hände auf die Schultern legt. Nach einiger Übung können Sie jederzeit mit dieser Urwaldfrau in Kontakt treten.

Falls Sie ohne diesen Aspekt geboren wurden, so nutzen Sie dazu jene Phasen, in denen die Transit-Lilith Ihren Mond aspektiert. Kleinere Zeitfenster zum Dialog mit Lilith öffnen sich auch alle paar Tage, wenn der laufende Mond für ein paar Stunden die Geburts-Lilith aspektiert.

Überlegen Sie sich, wenn Ihr Mond sich unwohl fühlt: Was würde die Urwaldfrau jetzt sagen? Bilden Sie sich eine konkrete Vorstellung von einer Frau aus einem Naturvolk in Afrika oder im tropischen Urwald. Sie können sich auch eine Schamanin oder eine andere Gestalt, die von der westlichen Kultur vollkommen unbeeinflusst ist, vorstellen. Sie versteht Menschen, Natur und Zeitläufe intuitiv. Je nach Situation spricht sie kurze Sätze wie:

Ich rieche Gefahr
Schütze dich jetzt
Vertraue jetzt
Baue ein Nest
Verlass dieses Nest
Tanze
Ruhe dich aus
usw.

Wir sind gewohnt, nachzudenken, lange rational abzuwägen und andere Menschen zu fragen. Informationen, die auf diesen Wegen nicht zu erhalten sind, liefert unsere innere Lilith-Stimme. Wenn sie nicht gleich spricht, sollten wir selbst anfangen nach, der existenziellen Bedeutung der zur Diskussion stehenden Sache oder Beziehung zu forschen. Am besten stellt man dazu einfache Fragen: Gibt es Energie oder raubt es Energie? Wen schützt es? Wem nützt es? Schafft es neues Leben und Lebendigkeit?

Hilfreicher Dämon

Unsere gut erzogenen und kultivierten Planeten haben alle einen Erziehungs- und Kultivierungsprozess hinter sich, der sie dazu gebracht hat, sich sozialverträglich zu äußern. Das ist zwar ein hoher Wert, aber sie verwechseln deshalb manchmal ihre eigenen Bedürfnisse mit denen der Umgebung. Sie vergessen ihre eigenen Möglichkeiten und Talente und fragen stattdessen ängstlich nach den Erwartungen anderer. Nicht so Lilith. Sie ist völlig unerzogen und unerziehbar. Sie kann uns helfen, die Schattenseiten der patriarchalen Zivilisation wettzumachen.

Abbildung 7: Tarot-Karte 11 [4]

[4] Oswald-Wirth-Tarot, 1889

Die Erfahrung hat mich zur Überzeugung gebracht, dass Liliths Ort im Geburtshoroskop eine enorme Quelle von Kraft und Vitalität ist. Dort entsteht so etwas wie ein urweiblicher Überlebenstrieb, der uns in jeder Situation instinktsicher – notfalls am anerzogenen Verstand vorbei – das raten kann, was lebensfördernd ist. Wenn dies nicht immer gelingt, liegt es daran, dass Lilith dämonisiert wurde, sodass wir Angst vor unserer eigenen weiblichen Kraft haben. Wie auf der Tarotkarte „die Kraft" könnte diese Energie ohne Anstrengung Löwen bändigen. Falls wir dies zulassen.

Wenn wir sie bitten, uns Lebendigkeit und weibliche Kraft zu geben, ist Lilith ein guter Dämon. Sie wird zum bösen Dämon, wenn wir sie fürchten und darauf hoffen, dass sie unten liegen und sich ruhig verhalten wird. Die Urwaldfrau in uns ist nicht dazu da, unten zu liegen und durch Vernunft unterdrückt zu werden, sondern hinter uns zu stehen und uns den Rücken zu stärken, wenn wir wieder einmal vor lauter Vernunft alle natürlichen Instinkte vergessen haben.

Kapitel 9

Die Kraft des Schweigens – Lilith/Merkur-Aspekte

„Gute Erziehung" und Selbstkontrolle haben unserem Lebensraum eine enge Grenze gesetzt. Hinter dieser Grenze erwartet uns das Urweib Lilith und lacht unternehmungslustig. Das gilt auch für unseren Merkur, wenn wir eine Merkur/Lilith-Verbindung im Geburtshoroskop haben.

Zuerst soll es hier um eine wichtige Merkur-Entsprechung gehen, nämlich um Argumente, Worte und das Sprechen.

Streit mit Worten

Kennen Sie jene fruchtlosen Streitgespräche, in denen keiner zuhören, aber jeder recht haben will? Dieselben Argumente werden wechselseitig endlos wiederholt. Jeder Vorwurf wird mit einem Gegenvorwurf beantwortet. Jeder Gefühlsausdruck wird mit einer Verurteilung beantwortet, jeder geäußerte Wunsch mit einer Bewertung oder Abwertung. Weil nun ein Satz wie „du denkst immer nur an dich" universell anwendbar ist, wiederholt sich die Diskussion fast wörtlich. Wer einen Bewertungs-Satz drauf hat, wie etwa: „Du bist immer so emotional und dramatisch", erspart sich die Mühe, zuzuhören und sich auf Gefühle einzulassen, denn der Satz passt immer und führt bequem in die altbekannte automatische Schleife des immer gleichen Streitgesprächs. Weil so kein Problem gelöst wird, im Gegenteil die unbefriedigende Situation stabilisiert wird, haben beide Streitenden zudem das Vergnügen, sich als Opfer zu fühlen, denen völlig zu Unrecht übel mitgespielt wird. Im Grunde

Merkur/Lilith-Verbindungen

Wir erkennen sie im Horoskop an folgenden Konstellationen, beginnend mit der am stärksten wirkenden:
- Lilith in Konjunktion, Opposition, Trigon, Quadrat oder Sextil zu Merkur (bis zu einem Orbis von maximal 7°)
- Lilith in den „merkurischen" Häuserbereichen, Haus 3 oder Haus 6
- Lilith in den Merkurzeichen Zwillinge oder Jungfrau
- Lilith in genauem Nebenaspekt zu Merkur (Orbis maximal 1°)

findet in solchen wortreichen Szenen überhaupt keine Kommunikation statt.

Es gibt aber auch Menschen, in deren Geburtshoroskop es eine Verbindung des Kommunikations- und Sprach-Planeten Merkur mit Lilith gibt. Und Lilith, das Urweib in uns, verfügt über eine wirksamere Strategie – falls wir uns getrauen, diese anzuwenden.

Ehestreit im Paradies

Die mythologische Lilith ist die erste Frau Adams, bevor Eva für ihn erschaffen wird, und sie erlebt den ersten Ehestreit der Menschheitsgeschichte. Lilith kommuniziert darin so ungewöhnlich, dass für Adam danach alles anders ist und er seine Welt zuerst einmal völlig neu ordnen muss. Es ist jener Ehestreit, der zu Liliths Austritt aus dem Paradies führt.

Manchmal wird gesagt, Lilith wäre aus dem Paradies vertrieben worden, aber das ist nicht der Fall, denn sie ist freiwillig daraus geflohen. Es ist sehr aufschlussreich, dass viele von uns den Mythos so in Erinnerung haben: „Lilith ist aus dem Paradies vertrieben worden." Wir verwechseln das mit dem späteren Bibeltext, in dem Eva zusammen mit Adam durch den Erzengel mit gezücktem Schwert aus dem Paradies vertrieben wurde. Die Merkur/Lilith-Verbindung steht für die Fähigkeit, verfälschte Textstellen zu erkennen, schlechte Traditionen infrage zu stellen und patriarchale Lügen zu entlarven. Deshalb soll hier nochmals dargestellt werden, warum Lilith aus eigenem Entschluss und aus eigener Erkenntnisklarheit heraus den Garten Eden verlassen hat. Unser Merkur (vor allem, wenn wir eine Merkur/Lilith-Verbindung im Horoskop haben) kann daraus viel über Möglichkeiten und Grenzen der Kommunikation lernen.

Das Ganze hat im Mythos eine Vorgeschichte: Adam verlangt, dass Lilith beim Geschlechtsverkehr unten liegen soll. Darüber könnte man diskutieren. Lilith, die ein gutes Körpergefühl besitzt und experimentierfreudig ist, hätte das bestimmt genauso genießen können, wie jede sonstige denkbare Stellung auch. Aber sie spürt, dass Adam damit etwas anderes meint, er will sie zur Unterordnung erziehen. Sie sagt: „Adam, du bist nicht diskussionsbereit, das ist keine Bitte, sondern ein Befehl." Adam fällt bei dieser spontanen Äußerung die Kinnlade herunter, und für einen Moment ist er perplex, denn Lilith hat die Wahrheit auf den Punkt gebracht.

Ein Lilith/Merkur-Talent

Wie hat sie das herausgefunden? Hat sie die Wortwahl Adams analysiert? Hat sie ein Seminar besucht, um seine Körpersprache lesen zu können? Nichts von alledem. Mit ihrem instinktsicheren Merkur „weiß" sie es einfach. Sie nimmt es ganzheitlich wahr. Sobald sich jemand verstellt, überhört sie dessen Worte und nimmt die dahinterliegende Absicht wahr. Lilith – in Verbindung mit Merkur – ist ein Kommunikationstalent, wenn es um innere Wahrheit geht. Hier erkennt sie mit Deutlichkeit den echten Adam und kommuniziert auch selber klar: „Ich spiele nicht die Rolle der unten Liegenden. Wir sind beide aus dem selben Stoff gemacht, es gibt keine Hierarchie zwischen uns.“ Weil Adam den Kopf schüttelt, sagt sie noch: „Du willst mir Unterwerfung befehlen, ich möchte Beziehung auf Augenhöhe.“

Tatsächlich erzählt der Mythos, dass Lilith nicht wie später Eva aus einer Rippe Adams, sondern gleichzeitig mit ihm aus dem gleichen Lehm erschaffen wurde. Lilith hat in diesem Fall demnach sogar logische Argumente auf ihrer Seite. Dank Liliths klarer Analyse der Situation sind die Standpunkte und Bedürfnisse der beiden ehrlich an den Tag gekommen.

Bis dahin waren wir Zeuge einer wirklichen Kommunikation. Im Folgenden muss Adam immer wieder dasselbe wiederholt haben, nicht weiter zugehört und jene oben beschriebene Spirale der ewig gleichen Vorwürfe und Forderungen eröffnet haben. Der Mythos schildert dies nicht, erzählt jedoch Liliths ungewöhnliche Art, darauf nicht einzugehen: Sie schweigt.

Das Schweigen der Lilith

Er schimpft, sie schweigt. Er wiederholt seine Forderungen, sie schweigt. Er ist beleidigt, er tobt, doch sie schweigt. Es ist nicht ihre Absicht, ihn zur Weißglut zu bringen, obwohl genau dies die Folge ist. Sie schweigt, weil alles Sagbare gesagt ist. Sie hatte bereits sehr gut zugehört. Sie hatte mit verständlichen Worten ihre Gefühle und Gedanken ausgedrückt. Sie wurde nicht gehört, und jetzt schweigt sie.

Wenn wir in unserem Alltag in ähnlichen Situationen immer wieder erbittert mit den gleichen Klagen anfangen, die Schimpfspirale höher drehen und Energie verschwenden, dann sind das verzweifelte Versuche eines ohnmächtigen Menschen. Lilith aber ist nicht verzweifelt, sie ist stark. Sie erkennt deutlich, dass Adam ab jetzt nur noch Dampf ablässt. Trotz seiner vielen Worte hat er die Kommunikation zu Lilith abgebrochen. Er führt das Selbstgespräch eines Ohnmächtigen.

Wenn Lilith gespürt hätte, dass es auf irgendeiner Ebene noch Gemeinsamkeit gäbe, hätte sie es mit ihrem Körper und ihrer ganzen Seele ausdrücken können oder das machtvolle Wort gefunden, welches wieder verbindet. Weil sie aber instinktiv spürt, dass ihre Zeit an Adams Seite abgelaufen ist, verzichtet sie auf weitere Worte und nutzt ihre Merkur-Kräfte anders: Es wachsen ihr Flügel, und sie entfernt sich mit mächtigem Flügelschlag aus dem Garten Eden, der für sie kein Paradies mehr ist. Sie geht. Und zwar endgültig und selbstbewusst, vielleicht zornig, aber ohne Vorwurf und ohne Reue.

Lilith ist eine große Göttin, und wir werden ihrem Vorbild vielleicht nicht ganz mühelos folgen können, aber wenn unser Horoskop eine Merkur/Lilith-Verbindung aufweist, besitzen wir jedenfalls das Potential dazu. Liliths Beispiel wäre sicher für manche von uns attraktiv: Solange ein Austausch möglich ist, kommuniziert Lilith klar, ehrlich und mit seelischer Wahrhaftigkeit; ist ein echtes Gespräch nicht mehr möglich, so verzichtet sie auf Beschimpfung und Machtspiele und entfernt sich. Dies ist ein Ende ohne zwanghaft wiederholte Verletzungen, ein Ende als souveräne kraftvolle Entscheidung.

Rituelles Schweigen

Das Schweigen der Lilith hat noch eine andere Dimension. Sie verzichtet in bestimmten Situationen auf Worte und schafft dadurch Raum für die Sprache der Seele, eröffnet die Möglichkeit zur Kommunikation mit der geistigen Welt. Nur starke Menschen beherrschen die Kunst des Schweigens. In Mysterienkulten und auf vielen Einweihungswegen wird es gefordert, wohl nur am Rande aus

Abbildung 8: Die sogenannte Venus von Brassempouy

Geheimhaltungsgründen, sondern um die – völlig anders geartete - Kommunikation mit der Welt des Unsichtbaren aufnehmen zu können.

Vor gut 100 Jahren fand man in Frankreich ein kleines Frauenköpfchen aus Elfenbein. Es ist über 20.000 Jahre alt und gilt als die älteste Darstellung eines erkennbaren individuellen menschlichen Gesichts. Es handelt sich um eine Frau, wohl eine Göttin, auch wenn sie, was wie Ironie wirkt, in der „Grotte du Pape" gefunden wurde, der Höhle des Papstes. Das Köpfchen im Museum von Saint-Germain-en-Laye heißt nach seinem Fundort „Venus von Brassempouy", doch der Name ist nicht sehr genau, denn die Archäologen bezeichnen alles Weibliche als Venus, gleichgültig, ob es astrologisch gesehen Mond-, Venus- oder Lilith-Charakter hat.

Richtig ist der Gedanke, dass es sich um eine Göttin handelt oder eine in spirituellem Rahmen verwendete Figur. Ich persönlich glaube, dass es eine Lilith oder eine Lilith-Priesterin ist, auch wenn dieser Archetyp damals gewiss einen andern Namen hatte.

Wenn wir genau hinschauen, sehen wir, dass diese Frau keinen Mund hat. Wie genau auch Gesicht, Augen, Nase und der rituelle Kopfschmuck gestaltet sind – der Mund fehlt! Ich besitze eine schöne Replik des Köpfchens und kann deshalb versichern: Sie hat nicht einfach schmale Lippen, sondern der Mund wurde bewusst weggelassen. Der älteste Menschenkopf ist eine schweigende Lilith-Priesterin! Keine Alltagskommunikation, sondern ein Gespräch mit der unsichtbaren Urquelle weiblicher Kraft.

Möge unser Merkur mit Liliths Hilfe lernen, auch einmal den Mund zu halten und dafür die Ohren für die Schwingungsebene zu öffnen. Merkur kann das, denn er ist Symbol für alle unsere Öffnungen zu anderen Welten, auch wenn diese unsichtbar sind. Zusammen mit Lilith kann er in die geistige Welt hineinhorchen.

Noch eine kraftvolle Frau

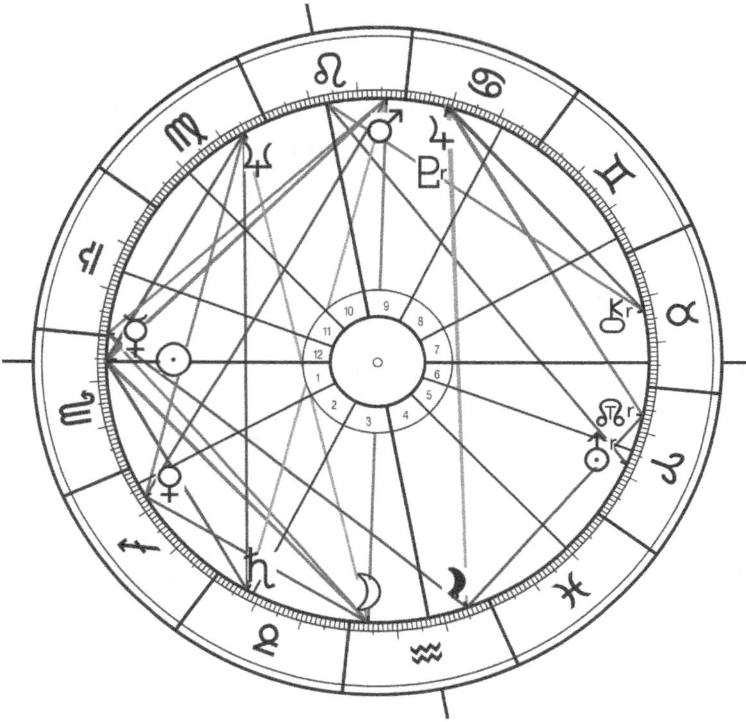

Abbildung 9: Niki de Saint Phalle, geboren als Catherine-Marie-Agnès Fal de Saint Phalle am 29. Oktober 1930 um 6.40 Uhr GMT in Neuilly sur Seine, Frankreich, 48n53, 2e16, Rodden rating AA

Vom Fundort der Lilith in Brassempouy aus ist es nicht weit zum Geburtsort der Künstlerin Niki de Saint Phalle, die eine starke Lilith-Persönlichkeit war. Ihre archaischen oft überdimensionalen Nanas sind bekannt. Es handelt sich um fruchtbare, vitale, grellbunte Urfrauen. Eindrücklich ist auch der Tarot-Garten in Italien mit den riesigen zum Teil begehbaren Tarotfiguren.

Im Horoskop repräsentiert die am Aszendenten aufgehende Skorpion-Sonne die schöpferische Vitalität der Künstlerin. Da Lilith im 4. Haus, dem Haus der Kindheit steht, fragen wir nun, welche Erfahrungen sie mit dem ersten Sonne-Vorbild, ihrem Vater, gemacht hat. Das waren nicht die besten. Es wundert nicht, dass die Skorpion-Künstlerin aus der Verarbeitung leidvoller Erfahrungen eine riesige Kraft bezogen hat. Dennoch war es eine schlimme Geschichte. Weil Niki de Saint Phalle mit ihrem Lilith/Merkur-Aspekt dabei auch die Kraft des Schweigens eingesetzt hat, soll ihre Kindheitserfahrung hier berichtet werden.

Umgeben von Aasgeiern

„Ich war umgeben von Aasgeiern", sagt sie selbst in einem Interview[5]. Dann erzählt sie vom „Aufstand gegen meine Eltern, gegen die Klosterschule, in die man mich gesteckt hatte, gegen die Gesellschaft und auch gegen den Vater, der nicht nur alle Hausangestellten verführte, sondern auch mich, seine damals elf Jahre alte Tochter." Nun fragt der Journalist, der das Gespräch führt, wenig einfühlsam: „Verführte oder vergewaltigte?" Niki de Saint Phalle verweigert selbstbewusst die Antwort, denn Merkur-Lilith spricht über solch aufwühlende Erfahrungen freiwillig oder gar nicht: „Vergessen wir die technischen Einzelheiten. Es war einfach unglaublich schmerzhaft, zumal ich die Heuchelei der Gesellschaft durchschaute. Ich habe geschwiegen."

Erkennen wir daran bereits das Schweigen der Lilith? Nicht unbedingt, denn nach einem Missbrauch verstummen viele, aus Selbstschutz, einfach weil es so unaussprechlich schlimm war; mit der Fähigkeit, darüber zu sprechen – oft erst viele Jahre spä-

---

[5] Interview in *Spiegel Special 12/1996*, Seiten 46 ff. Auch die folgenden Zitate stammen aus dieser Quelle.

ter – beginnt meist die Aufarbeitungsphase. Dennoch handelt es sich hier nicht nur um ein schmerzliches Verstummen, sondern auch um das machtvolle Schweigen der Lilith. Liliths Devise lautet nämlich: schweigen und handeln. „Ich habe mit elf Jahren ein Theaterstück geschrieben“, erzählt Niki de Saint Phalle, „über einen Mann, der verliebt sich in eine Kassiererin, aber er ist verheiratet. Also ermordet er seine Frau, schneidet sie in Stücke, kocht sie und verkauft sie als Fleisch. (...) Zuletzt kommt der Täter ins Gefängnis. Ende der Geschichte. Nur nicht für meine Eltern. Als ich dieses Stück dann aufführte vor allen Nachbarn und Freunden, waren sie entsetzt und verlegen – sie dachten, sie hätten ein Ungeheuer geboren.“

Merkur-Lilith hat also mit dieser Theateraufführung sehr deutlich gesprochen, wenn auch auf anderer Ebene als erwartet. Vielleicht haben zusätzlich die skorpionischen Überlebenskräfte geholfen, jedenfalls könnte man jedem Missbrauchs-Opfer nur wünschen, derart direkt und kompromisslos zu reagieren. Nicht allein dadurch, dass sie schweigen kann, zeigt sich die merkurische Lilith, sondern indem sie kraftvoll handelt und durch die Tat spricht.

Niki de Saint Phalles Eltern dachten, sie hätten ein Ungeheuer geboren, was sehr charakteristisch für alle Lilith-Themen ist: Das Auftreten Liliths polarisiert. Selbstbewusste und angstfreie Menschen empfinden es als kraftvoll und richtig, alle übrigen als ungeheuerlich. Das Ungeheuer, das Monster ist in diesem Fall ausschließlich in der Wahrnehmung des angstvollen Betrachters vorhanden, es ist eine Projektionsgestalt. Im vorangegangenen Kapitel, als es um Mond/Lilith-Aspekte ging, haben wir gesehen, wie die Projektionsgestalt der menschen- oder kinderfressenden Lilith zustande kam.

Im oben beschriebenen Fall verhielt sich der Vater als Täter selbst wie ein Ungeheuer. Kein Wunder, dass er Ungeheuer sah, als seine elfjährige Tochter ihm sein eigenes Tun mit solcher Dramatik widerspiegelte. Auch später begab sich Niki de Saint Phalle nicht in die Opferposition, sondern rebellierte als Mensch, Frau und Künstlerin. Denn nachdem sie in einer Therapie die Missbrauchs-Erfahrung aufgearbeitet hatte, kam sie zur Kunst und schuf ihr äußerst vitales und originelles Lebenswerk.

Wenn Niki de Saint Phalle über diese Zusammenhänge spricht, spüren wir schon in der Sprache etwas von der Entschlossenheit und Kompromisslosigkeit dieser Lilith- und Skorpion-Persönlichkeit: „Ich wurde Künstler, weil es für mich keine Alternative gab – infolgedessen brauchte ich auch keine Entscheidung zu treffen. Es war mein Schicksal. Zu anderen Zeiten wäre ich für immer in eine Irrenanstalt eingesperrt worden – so aber befand ich mich nur kurze Zeit unter strenger psychiatrischer Aufsicht, mit zehn Elektroschocks usw. Ich umarmte die Kunst als Erlösung und Notwendigkeit.“[6]

Merkur/Lilith-Talente

Weibliches zyklisches Denken
Ganzheitlicher und eigenwilliger Lernstil
Hinterfragen von Hierarchien und Machtspielen
Wirksames Sprechen aus dem Instinkt heraus
Schweigen und Handeln
Seelen- und Körpersprache
Magisches Wort
Heilmagie

Die Merkur/Lilith-Verbindung hat gewisse Ähnlichkeit mit Merkur-Neptun sowie mit Merkur/Pluto-Themen.

---

[6] Katalog zur Ausstellung: „Nicki de Saint Palle, Bilder – Figuren – Phantastische Gärten“ in der Kunsthalle der Hypo–Kulturstiftung in München vom 26.03. – 21.06.1987, Hrsg. Carl Schulz–Hoffmann.

Kapitel 10

Das wiederentdeckte Lustprinzip – Lilith/Venus-Aspekte

Ist alles, was unsere Venus liebt, ganz natürlich? Nein, die Venus hat das Lieben gelernt, man hat es ihr beigebracht. Damit ist selbstverständlich nicht das Urprinzip der Liebe gemeint, dieses ist weder zu lernen noch zu verlernen: In der „Göttlichen Komödie“ durchwandert Dantes suchender Geist Himmel und Hölle und steigt zuletzt über alle Planetensphären hinauf. An der Grenzlinie zur Ewigkeit erkennt er, wer letztendlich am Rad des Lebens dreht: „L'amor che move il sole e l'altre stelle“[7], die Liebe, welche Sonne und Sterne in Bewegung setzt, wie es in der letzten Zeile der gewaltigen Dichtung heißt. Diese Urliebe, die alles bewegt, ist eine Art Naturgesetz, höher als alle Vernunft und wohl auch über allen Horoskoperkenntnissen stehend.

Kulturelle Prägungen

Aber die irdische Liebe, die persönliche Liebe, die haben wir gelernt. Das merken wir nicht sofort, denn es erscheint uns zum Beispiel ganz natürlich, dass uns schöne Menschen gefallen. Aber was ist schön? Man hat uns in den letzten 100 oder 200 Jahren dahingehend geprägt, dass wir nicht mehr mollige und beleibte Menschen schön finden, sondern dünne. Man hat uns beigebracht, dass man einen Ehepartner nicht aus Gründen der

[7] Dante Alighieri: *Tutte le opere, Divina Commedia.* Rom 1993, Seite 648

Mehrung und Weitervererbung des Besitzes heiratet, sondern aus persönlicher seelischer Zuneigung. Alles andere erschiene unserer Venus unanständig oder sogar unnatürlich. Doch auch dieses scheinbar so natürliche Heiratsmotiv aus persönlicher Verliebtheit ist kulturell erworben. Es hat sich im bürgerlichen Zeitalter Europas seit der Aufklärung etabliert und durchaus noch nicht weltweit durchgesetzt.

Dazu kommen aus den jeweiligen Familiensystemen entstandene Denk- und Gefühlsmuster, die uns ebenso selbstverständlich erscheinen. Erst wenn wir über längere Zeit ein schädliches Familienmuster reproduziert haben, merken wir, dass wir fremdbestimmt waren. Dann nehmen wir uns hoffentlich die Freiheit, umzulernen und ein neues Muster einzuüben.

Man hat unserer Venus ferner beigebracht, nicht mehr in jeder Situation nach dem Lustprinzip zu leben, sondern unsere Triebe zurückzuhalten und in andere Bahnen zu lenken. Viele Kulturleistungen verdanken sich der Tatsache, dass wir gelernt haben, unsere erotischen und sexuellen Bedürfnisse zu sublimieren, das heißt nicht direkt auszuleben, sondern in verfeinerter und übertragener Form.

Lilith fordert die Venus heraus

Unser persönlicher Venus-Geschmack ist also von der Gesellschaft beeinflusst, wir haben ein Wertesystem gelernt, ohne dass uns das immer bewusst ist. Lilith jedoch, die Urwaldfrau in uns, hat nichts gelernt. Der gesamte Kultivierungsprozess der Jahrhunderte ist wirkungslos an ihr vorübergezogen. Sie ist bei ihren Steinzeit-Instinkten geblieben. Sie könnte uns daher helfen, die Wurzeln des Lustprinzips wieder neu zu entdecken.

Bei Menschen mit einem Aspekt zwischen Venus und Lilith im Geburtshoroskop tritt die wohlerzogene Venus nun mit der

Venus/Lilith-Verbindungen

Wir erkennen sie im Horoskop an folgenden Konstellationen, beginnend mit der am stärksten wirkenden:

- Lilith in Konjunktion, Opposition, Trigon, Quadrat oder Sextil zur Venus (bis zu einem Orbis von maximal 7°)
- Lilith am Deszendenten
- Lilith in den der Venus verwandten Häuserbereichen, Haus 2 oder Haus 7
- Lilith in den Venus-Zeichen Stier oder Waage
- Lilith in genauem Nebenaspekt zu Venus (Orbis maximal 1°)

unerziehbaren Urwaldfrau in ein entwicklungsträchtiges Spannungsverhältnis. Vielleicht empfinden solche Menschen manchmal schmerzlich, dass „das Schöne und Gute", welches ihre Venus gelernt hat, ihnen nicht immer guttut. Gleichzeitig merken sie, dass ihre Instinkte sie gelegentlich zu einem Beziehungsverhalten treiben möchten, das als unschön oder gar böse gilt. Die Einübung des gesellschaftlich sinnvollen Venus-Verhaltens ist mit Wertungen und Verboten verbunden. Lilith hingegen betrachtet diese mit dem unvoreingenommenen Blick der Naturfrau und stellt des Öfteren alle Werte infrage.

Liliths Werte

Hat Lilith, die Urwaldfrau, keine Werte? Doch, aber es sind keine zivilisatorischen, sondern eher biologische, natürliche Werte: Es gibt eine Zeit zum Lieben, es gibt eine Zeit zum Verweigern, das ist für Lilith so selbstverständlich wie aktiv sein oder schlafen. Es gibt Liebe mit Kindersegen und Liebe aus reiner Lust, sie kennt keinen Unterschied. Hoch oben in ihrem Wertesystem steht der Schutz des Lebens und aller Triebe des Lebens. Zwar zerstört sie manchmal auch Leben, so wie wir eine Frucht zerstören, wenn wir sie essen; dann wieder schafft sie neues Leben, so wie der Baum eine Frucht hervorbringt. Sie hat keine Namen und keine Regeln dafür.

Lilith sorgt stets für ihre Sicherheit; zur rechten Zeit lebt sie mit einem Mann zusammen, aber sie kennt kein Gebot, dass beides verknüpft sein müsste. Sie versorgt sich selbst. Sie kann ihr Kind alleine großziehen, sie kann es auch zusammen mit dem Mann tun, sie kann es dem Stamm anvertrauen – die Situation entscheidet darüber, kein Grundsatz. Grundsätzlich ist für sie nur eins: Sie sorgt für ein gutes, lustvolles Leben für sich, für ihre Kinder und für die Mitmenschen. Liebe und Eros sind keine Probleme für Lilith, sondern selbstverständliches Lebensprinzip. Sie verdankt ihnen das Leben, sie sorgt für Lust und Liebe bei sich und allen, die sie liebt. Die für uns so spannende Frage „Wie und in welcher Form können Liebe und Sexualität sinnvoll gelebt werden?" würde Lilith nicht verstehen. Dieses Thema ist für sie nicht komplizierter als die Frage „Wie ernähre ich mich?" Sie folgt dem Hunger und stillt ihn, bis sie satt ist.

Diese einfache Tabulosigkeit kann eine formbewusste Venus ganz schön herausfordern. Venus möchte es gerne so machen, dass sie dafür auch Anerkennung und Wertschätzung bekommt. Wenn die Mitmenschen sie dann auf die linke und rechte Backe küssen und sagen: „Das hast du vorbildlich harmonisch gelöst", dann strahlt die Venus. Und Lilith hat übrigens nichts dagegen. Solange wir es nicht zwanghaft tun, dürfen wir gerne Küsschen angeln gehen. Lilith ist dabei jede Körperstelle recht. - Solange wir nicht für das bisschen Anerkennung unsere Seele verkaufen.

Venus/Lilith-Persönlichkeiten

Bei Menschen mit diesem Aspekt sind Weiblichkeit und Lust ein großes Thema. Sie haben meist die Fähigkeit, zuerst einmal die angebotenen üblichen Spiele mitzuspielen, um die Anerkennung ihrer Venus zu erlangen. Dann spüren sie, dass es das noch nicht gewesen sein kann. Eine eigenwillige Liebeskraft und Abenteuerlust steigt von Zeit zu Zeit in ihnen hoch, oder sie lassen sich unwillkürlich von einer Liebe mitreißen, die ihr bisheriges Wertesystem durcheinanderbringt. Männer mit Lilith/Venus-Aspekt haben manchmal eine Affinität zu wilden Frauen, die sie nicht ohne weiteres ihrer Mutter als freundliche Schwiegertöchter vorstellen könnten.

Wann immer unsere Venus über die archaische Intensität des Lebens erschrickt, die über sie hereinzubrechen droht, wissen wir: Jetzt hat ihr Lilith von hinten ihre Hand auf die Schulter gelegt

Venus/Lilith-Talente

Natürliches Lustprinzip
Ausgeprägter Eigengeschmack
Eigenwilliger Schönheitssinn
Gespür für natürliche Werte
Starke Lust- und Ekel-Gefühle
Instinkt für Erotik
Tabulosigkeit in der Liebe
Spirituelle Liebe
Liebes-Rituale
Wilde Frau, „böses" Mädchen

Venus/Lilith-Themen haben manche Ähnlichkeit mit Venus/Pluto-Aspekten und gesagt: „Nimm mich mit!" Wir sollten sie dann mitnehmen. Manchmal missverstehen wir Liliths Stimme und befürchten, sie wolle uns ins Chaos stürzen und Harmonie zerstören. Dies ist aber durchaus nicht in ihrem Sinne. Falls wir uns nicht gerade in selbstzerstörerischer Harmoniesucht zerfleischen, hat Lilith nichts gegen Ordnung und Schönheit einzuwenden. Im Gegenteil: Sie weiß einfach noch ein paar zusätzliche Nummern, die seit grauer Vorzeit nicht mehr in Gebrauch waren. Hören wir auf Lilith, wenn sie sagt: „Nimm mich mit!" Das Leben kann nur kraftvoller und authentischer werden.

Unmögliche Liebe?

Die Venus/Lilith-Persönlichkeit Luise Rinser forderte mit ihrer Liebe zwei Männer heraus, die sich als Priester dem Zölibat verpflichtet hatten. Die Schriftstellerin war selbst astrologisch gebildet. Dem zweiten Teil ihrer Autobiografie gab sie den Titel *Saturn auf der Sonne*. Das Werk beginnt mit folgenden Worten: „*Der Titel dieses Buches verlangt eine Erklärung. Er stammt aus dem Vokabular der Astrologie. Er bezeichnet eine wichtige Konstellation in meinem Horoskop. (…) Die Sonne bedeutet Lebenskraft und irdischen Erfolg. Die Lichtseite meines Lebens. Der Saturn ist ein strenger Herrscher, er treibt zur Arbeit, gibt Kraft und Mut, fällt aber auch als Schatten auf meine Sonne. Wäre er nicht, so wäre ich heiter und glücklicher, aber keine Schriftstellerin.*"[8]

Bei Luise Rinser steht der Künstlerplanet Venus im sprachbetonten Zeichen der Zwillinge. Genau gegenüber finden wir Lilith im Schützen, dem Zeichen der Weltanschauung und des Glaubens, der auch für Freiheit steht. So wundert es nicht, dass sie von Karl Rahner fasziniert war, dem bedeutenden Theologen des zweiten

---

[8] Luise Rinser: *Saturn auf der Sonne*. Frankfurt am Main 1994, Seite 7

vatikanischen Konzils, der sich beispielsweise die Freiheit nahm, die Jungfrauengeburt als nicht real, sondern rein symbolisch zu be-

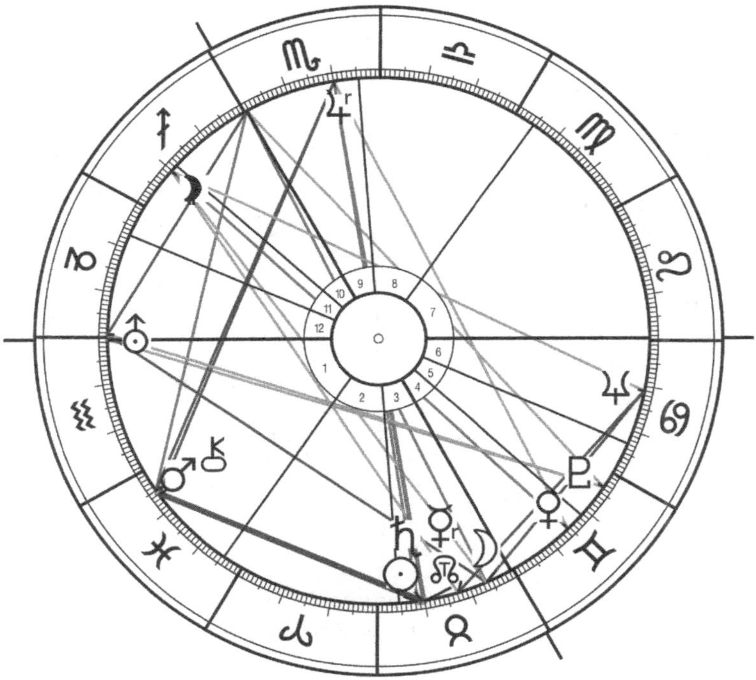

Abbildung 10: Luise Rinser, geboren am 30. April 1911 in Pitzling am Lech, um 1:30 Uhr, Rodden rating AA

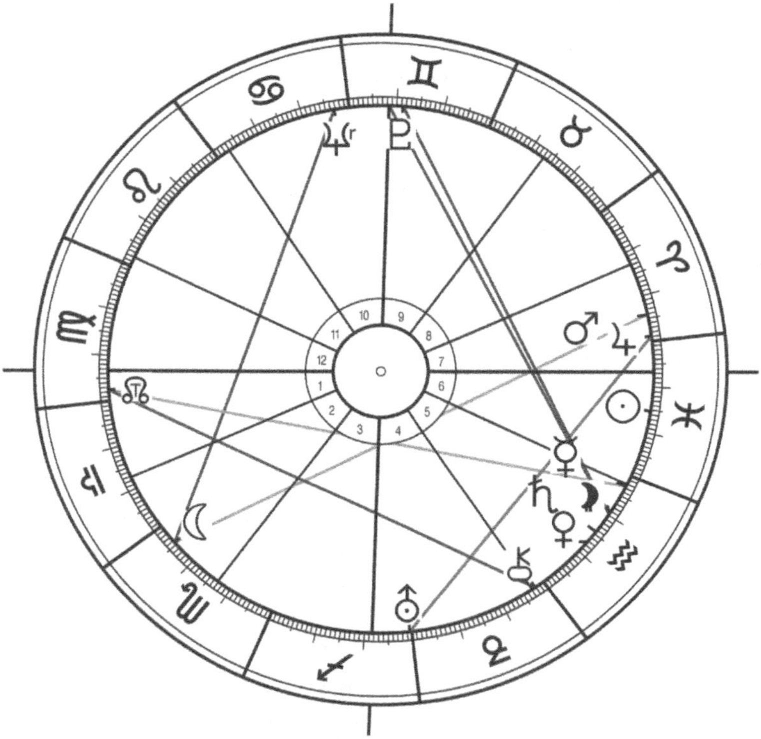

Abbildung 11: Karl Rahner, geboren am 5. März 1904, Freiburg i. Br. um 19:00 Uhr, Roden rating AA

Es entwickelte sich eine sexuell wohl nie vollzogene Liebesbeziehung. Luise Rinser veröffentlichte unter dem Titel *Gratwanderung* 480 Seiten ihrer Liebesbriefe an ihn, während die 1.800 Antworten Karl Rahners natürlich der Zensur unterliegen, denn seine Ordensherren, die Jesuiten, verweigern deren Herausgabe. Die Abbildung zeigt das Geburtshoroskop des Fische-Geborenen Karl Rahner (Abb. 11), dessen Lilith-Themen ebenfalls interessant sind. Rinser schrieb ihm stets unter dem Kosenamen „mein Fisch". Rahners Leidenschaft blieb nicht nur wegen des Zölibats unerfüllt, sondern auch deshalb, weil die Schriftstellerin ihm mitteilte, dass ein anderer „exklusiv“ in ihrem Herzen wohne: „Ich bin ein Mensch des Unmaßes, mein Fisch.“[9] Dieser andere durfte pikanterweise sein Begehren ebenfalls nicht erfüllen. Bei ihm handelte es sich um einen Benediktinerabt, den Luise Rinser in ihrer Autobiografie M.A. nennt. Über ihn schreibt sie: *„Als Zweiundzwanzigjähriger hat er, heiligen Ernstes voll, den Zölibat geschworen. (...) Ein Mann, im Venus-Zeichen des Stiers geboren, schönheitsdurstig, sinnlich, im Grunde weich, von der Natur bestimmt, viele Kinder zu zeugen ... dem Papst Johannes Paul II., ebenfalls Stiergeborener, zwei Tage Unterschied der Daten, in vielem verwandt.“*[10] Zwei Liebesbeziehungen in dieser Intensität ohne Sexualität sind nur eine mögliche Variante aus der reichen Palette der tabulosen Liebeskraft von Venus-Lilith. Genauso Lilith-typisch wäre es natürlich gewesen, wenn sie ihre Kleriker doch noch zur Sexualität verführt hätte.

Die Urwald-Frau

Sabine Kuegler, bekannt als das „Dschungelkind“, wurde mit einer Lilith/Venus/Neptun-Konjunktion geboren. Sie ist insofern eine Lilith-Persönlichkeit, als sie im Urwald aufwuchs. Ihre Kindheit verbrachte sie an der Quelle der natürlichen Lilith-Instinkte.

Als Sabine sechs Jahre alt war, zog sie mit ihren deutschen Eltern in den Urwald zu dem damals noch völlig unzivilisierten Volk der Fayu auf der Insel Neuguinea. Mit der Leichtigkeit von Kindern gewöhnte sie sich daran, auch einmal Würmer und Schlangenfleisch zu essen. Nicht nur Lust, sondern auch Ekel entstehen aus einem Zusammenspiel natürlicher Notwendigkeit (Lilith) mit den gesellschaftlich beeinflussten Venus-Bedürfnissen.

---

9 Zitiert nach *Spiegel 30/1994*

10 Luise Rinser, *Saturn auf der Sonne.* Frankfurt a. M., 1994 Seite 145 f.

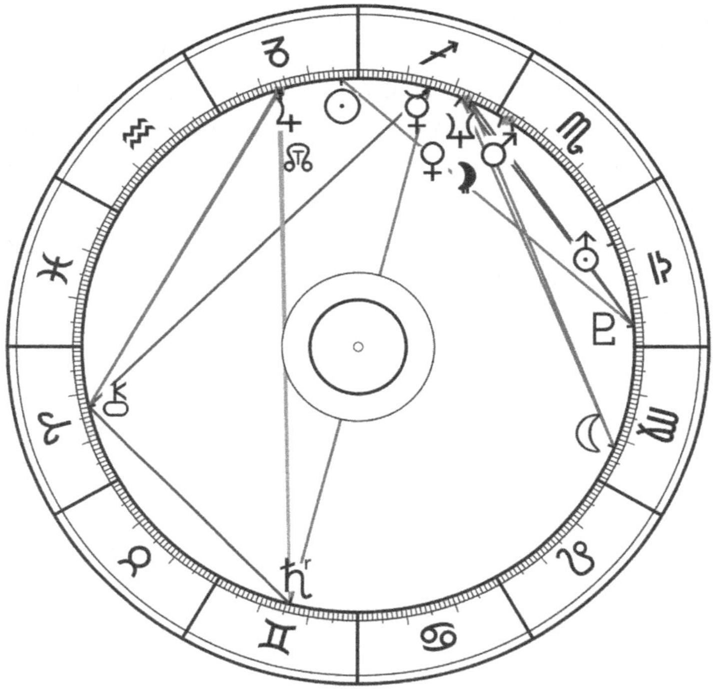

Abbildung 12: Sabine Kuegler, geboren am 25. Dezember 1972 in Patan, Nepal, Zeit unbekannt.

Möglicherweise ist die Zeit reif für eine Rückbesinnung auf die ursprünglichen Lilith-Kräfte, die bisher als primitiv oder böse abgestempelt wurden. Der Erfolg des Buches „Das Dschungelkind“ lässt dies ebenso vermuten wie die Tatsache, dass ein anderes Buch zum Bestseller werden konnte, das den Titel trägt „Gute Mädchen kommen in den Himmel, böse überall hin“.

Es wird oft als schmerzhaft empfunden, wenn unser unverbrauchter wilder Lilith-Anteil unter der Kulturschicht der Venus hervorbricht wie Magma aus einer sich öffnenden Erdspalte. Der Widerspruch zwischen anerkannten Werten und den scheinbar fremden Instinkten und Trieben scheint groß. Dennoch sind beide menschlich. Sabine Kuegler hat ihre doppelte Heimat in zwei extrem unterschiedlichen Kulturen. Auf andere Weise haben alle Menschen mit einem Venus/Lilith-Aspekt dasselbe Problem: Aus zwei Wertesystemen ein Drittes herzustellen, das eigene. Wenn dies gelingt, entsteht eine Persönlichkeit, die ihre Urkraft wieder in Besitz genommen hat und gegenüber der modernen Zivilisation eine kritische Unabhängigkeit bewahrt, weil sie im Innersten frei ist.

Die Bedeutung der Wilden für die Zivilisierten

Die Begegnung von Kulturvölkern und Naturvölkern ist bei Sabine Kuegler auch durch die Lilith-Stellung im Schützen sowie durch drei Planeten im Schützen angezeigt. Dieses Zeichen stellt die Frage nach dem Umgang mit dem Fremden. Wir selbst entscheiden, ob wir darauf mit Intoleranz reagieren wollen, ob wir versuchen, die Fremden zu missionieren, ob wir sie fasziniert bewundern oder sie als Bereicherung in unser Leben einbeziehen.

Bei einem Venus/Lilith-Aspekt geht es stets auch um das Fremde und Wilde in unserer Psyche. Sabine Kuegler hat die Steinzeit-Instinkte in sich wiederentdeckt und von dem Fayu-Volk gelernt, im Dschungel zu überleben. Doch nicht nur der Überlebenstrieb war in ihr stark, sondern auch der Todestrieb. Denn die Rückkehr in die psychische Kälte Europas war die große Herausforderung ihres Lebens und führte sie einmal zu einem Selbstmordversuch.

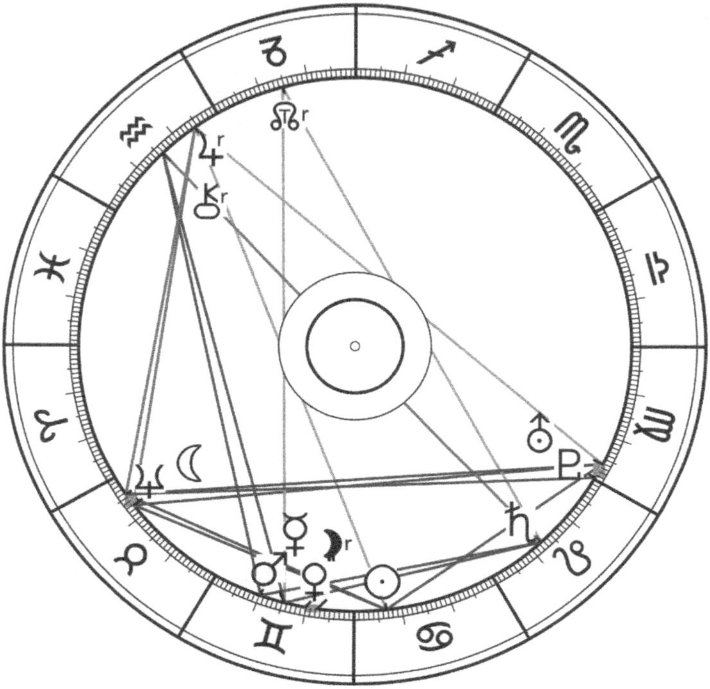

Abbildung 13: Jean-Jacques Rousseau, geboren am 28. Juni 1712 in Genf, Zeit unbekannt.

Sabine Kuegler ist nicht die Erste, die dafür wirbt, von den sogenannten „Wilden“ zu lernen. Jean-Jacques Rousseau hatte ebenfalls eine Venus/Lilith-Konjunktion, welche bei ihm im literarischen Zeichen Zwillinge stand. Er war sich sicher, dass die Egoismen und Grausamkeiten unserer modernen Welt den Naturvölkern fremd sind, ebenso wie neugeborenen Kindern. Daher forderte er von Erziehern, dass sie den Kindern nicht die Zivilisationswerte einprägen, sondern im Gegenteil Kinder vor dem Einfluss der Gesellschaft schützen sollten. Seine Konzepte werden bis heute heftig diskutiert, aber Rousseaus Strategie könnte zumindest verhindern, dass das Lilith-Lustprinzip schon in den ersten Lebensjahren unterdrückt wird.

Gebt den Frauen das Geld

Venus-Aspekte spiegeln ferner auch unseren Umgang mit Geld und Werten. Sabine Kuegler studierte sowohl die noch geldlose Kultur der Urwaldvölker als auch moderne Gesellschaften und erkannte, dass die Fähigkeit, Werte zu erschaffen, zu erhalten und zu verwandeln, weibliche Talente sind, was wir aus astrologischer Sicht sehr gut nachvollziehen können: Das dafür zuständige Symbol Stier, ebenso wie der werteverwandelnde Skorpion sind weibliche Zeichen. Das ehemalige Dschungelkind fasste seine Erkenntnisse in dem Buchtitel zusammen: *Gebt den Frauen das Geld! Und sie werden die Welt verändern.*[11]

Wenn wir bedenken, dass es global gesehen nicht die Männer sind, sondern überwiegend die Frauen, welche die praktische Feldarbeit leisten, Nahrung und Mehrwert produzieren, die kommenden Generationen aufziehen und die Haushalte führen, dann erscheint dieser Gedanke durchaus sinnvoll. Zurzeit fehlt den Herren dieser Welt ein weiblich-realistischer Blick auf das Geld.

---

[11] Sabine Kuegler: *Gebt den Frauen das Geld.* München 2007

Kapitel 11

Ich weiß, was ich will und was nicht! – Lilith/Mars-Aspekte

Nein sagen

Ein hoch emotionales Geschehen, doch der Bericht in den Quellen ist sachlich: „Lilith wollte beim Geschlechtsakt nicht unten liegen und verließ daher den Garten Eden." Lilith, Adams erste Frau, ist eine eigenwillige kraftvolle Göttin. Und es grenzt schon an Frechheit, diesen bedeutungsvollen und folgenreichen Mythos so zu verharmlosen. Adam will also oben liegen und Lilith unter sich haben. Mit Sicherheit geht es hier nicht um eine persönliche erotische Vorliebe, sondern um Rangfolge und Befehlsmacht. Der männliche Mars-Trieb liebt es, zu unterwerfen. Er braucht ein Gegenüber, um es zu besiegen. Vielleicht war die Sexualität eines der ältesten Spielfelder für diesen Machttrieb und für das Etablieren von Hierarchien.

Mars ist aber auch Symbol für die Fähigkeit Nein zu sagen und Forderungen zurückzuweisen. Ich verstehe Liliths Weigerung unten zu liegen zuerst einmal als ein Nein zur Verknüpfung der Sexualität mit Hierarchie und Macht. Die Koppelung von sexueller Lust an Bedingungen und an Fragen von richtig oder falsch sowie gut oder böse, steckt seither tief in uns. Selbst in unserem modernen aufgeklärten Europa gibt es bei der Sexualität noch viel Druck, Besitzansprüche und Versagensängste. Mythologisch gesehen ist das die Urangst vor Adams Bewertung: Liege ich richtig? Kann ich die Ansprüche des Partners befriedigen? Vermutlich sind wir in diesem Punkt Kinder von Adams zweiter Frau Eva, welche sich anzupassen versuchte. Lilith aber roch den Braten sofort und entzog sich weiteren Machtspielen. Auch diese Möglichkeit steckt latent in uns.

Keine Rollen-Aufteilung

Das Neinsagen ist nur eine Seite der Medaille. Genauso charakteristisch für die Lilith/Mars-Energie ist das entschiedene und fraglose Wollen: Ich will - eindeutig und ohne es begründen zu müssen.

Es gibt zwei typische Mars-Sätze: „Ich will" und „Nein, ich will nicht!". Auf den ersten Blick könnte man denken, der Streit zwischen Lilith und Adam sei das Abbild eines natürlichen Geschlechterunterschieds: Männer leben ihren Mars aktiv aus, Frauen abwehrend passiv. Wenn man es so sieht, wäre der nächste Gedanke: Männer sind primär Eroberer, sie sagen „ich will dich", Frauen aber sagen „nein" oder „jetzt nicht", beispielsweise, um sich vor Schwangerschaft zu schützen oder aus anderen Gründen. So wäre Mars bei Männern mehr angreifend, bei Frauen mehr verteidigend, abwehrend. Ich bin mir allerdings gar nicht sicher, ob dies wirklich ein naturgegebener Mechanismus ist. Sicher bin ich mir nur: Lilith kennt im Verhalten keinen Geschlechterunterschied und keine festgelegten Rollenverteilungen. Für sie ist es die normalste Sache von der Welt, die eigenen Triebe zu befriedigen. Warum sollte es ein männliches Privileg dafür geben?

Ja zum eigenen Sexualtrieb

Die Lust, sich einen Mann zu nehmen, zu sagen: „Ich will dich!" und den Sexualtrieb lustvoll zu befriedigen, das ist für Lilith eine Selbstverständlichkeit. Aber genauso instinktsicher nimmt sie sich das Recht, sich in anderen Situationen zu entziehen oder männliche Ansinnen abzuwehren. Alles zu seiner Zeit, das ist Liliths Motto.

Mars/Lilith-Verbindungen

Wir erkennen sie im Horoskop an folgenden Konstellationen, beginnend mit der am stärksten wirkenden:

- Lilith in Konjunktion, Opposition, Trigon, Quadrat oder Sextil zu Mars (bis zu einem Orbis von maximal 7°)
- Lilith am Aszendenten
- Lilith an anderer Stelle in dem „marsischen“ Haus 1
- Lilith im Widder
- Lilith in genauem Nebenaspekt zu Mars (Orbis maximal 1°)

Stellen Sie sich einmal eine Welt vor, in der das Zeigen des Geschlechtstriebes so problemlos und alltäglich wäre wie der Wunsch, sich auszutauschen oder gemeinsam einen Spaziergang zu unternehmen: Man äußert sein Bedürfnis, und wer mitmachen möchte, macht mit. Wenn Sie sich das gut vorstellen können, haben Sie einen schönen Eindruck von der Welt, aus der Lilith kommt.

Persönlichkeiten mit einer Mars/Lilith-Verbindung im Horoskop haben die Anlage dazu, „ich will“ zu sagen, ohne ihren Willen einer Selbstzensur zu unterwerfen. Da wir in einer Zeit leben, in der nicht alle diese Freiheit haben, geht dies manchmal schief und der Wille wird unterdrückt. Dennoch ruht in Mars-Lilith das Potenzial, die eigenen Bedürfnisse entschieden durchzusetzen und sich an wilder lustvoller Sexualität zu erfreuen.

Nein sagen zum Paradies-Angebot

Lilith will sich Adams Befehlsgewalt nicht beugen und verlässt den Garten Eden. Hätte sie vorher mit Adam darüber diskutiert, dann hätte dieser bestimmt gesagt: „Ich weiß nicht, was du hast, das hier ist doch das Paradies, das Gott der Herr uns gegeben hat. Es ist unvernünftig, mutwillig ein Paradies zu verlassen!“ Doch Lilith stellt ihre Entscheidung nicht zur Diskussion. Ihr wachsen mächtige Flügel und sie rauscht aus dem Garten Eden davon. In der nächsten Szene werden wir sie in der Gegend des Roten Meeres wiederfinden.

Man hat ihr ein Paradies angeboten, doch sie hat es abgelehnt. Das ist ein wichtiges Deutungselement für die Lilith im Horoskop. Das ganze vierte Kapitel handelt davon. Alle Welt empfiehlt ihr Anpassung, man bietet ihr Versorgung und Sicherheit. Ein verlockendes Angebot, aber es ist an eine Bedingung geknüpft, die sie nicht akzeptieren kann: Unterordnung. Dieses Paradies ist die Belohnung für Wohlverhalten. Doch Lilith verhält sich nicht wohl, sondern eigenwillig, nach ihrem eigenen Willen und geht.

Im vorletzten Kapitel behandelten wir die Lilith-Merkur-Aspekte. Dort haben wir gesehen, dass Lilith ihren Entschluss nicht diskutiert, sich nicht beklagt, nicht bittet und bettelt, sondern schweigt und geht. Sie zahlt den Preis ohne Reue und nimmt ihre Freiheit.

Ich liebe da, wo ich will

Adams Einstellung ist: „Man bietet dir hier ein Paradies, also hast du dich auch an die gültigen Regeln zu halten.“ Das erinnert ein bisschen an den alten Spruch des Familienoberhaupts: „Solange du die Füße unter meinen Tisch streckst, sage ich, wo's langgeht!“ Die Frau hat dem Ehemann zu folgen, er bestimmt den gemeinsamen Wohnsitz, so ist das nun mal.

Man kann Liliths fliegenden Abgang aus dem Garten Eden auch so interpretieren: Sie verweigert dem Mann die Gefolgschaft. Die Niederlassungsfreiheit ist bis heute kein generell durchgesetztes Recht, vor allem nicht bei Frauen, die noch in vielen Ländern als eine Art Besitzstück vom Vater an den Ehemann weitergereicht werden. „Ich lebe, wo ich will, freie Wahl des Ortes!" Auch für dieses Recht kämpft Lilith.

Nach ihrem Austritt aus dem Paradies finden wir sie zuerst einmal im Roten Meer. In jener machtvollen Szene steht sie bis zum Nabel im reißenden Ozean, mit den Füßen fest auf dem Meeresgrund verankert und lässt Sonne und Wind mit ihren Haaren spielen. Hier schöpft sie Kraft, vielleicht ist es eine Art Reinigungsritual. Hier feiert sie ihr Getrenntsein von der männerdominierten Paradiesgemeinschaft und ihr Verbundensein mit der Allnatur. Gottvater schickt ihr Boten hinterher, die sie zurückbringen sollen und ihr bei weiterem Ungehorsam Strafen androhen. Lachend nimmt Lilith die Strafen in Kauf. Gerade in der Abwehr findet sie zu ihrer Kraft, ein typisches Mars/Lilith-Thema.

Die Frau im Baumhaus

Es gibt noch eine andere Szene des Lilith-Mythos, in welcher sie Anpassung verweigert und für ihre Freiheit kämpft. Auch in diesem Fall handelt es sich um eine Freiheit in der Natur und gleichzeitig eine Verteidigung der Natur.

Eines Tages baut sich Lilith ein Baumhaus. Sie bewohnt einige Jahre einen prächtigen Baum am Fluss. Dort, wo der Stamm sich verzweigt und die Äste herauswachsen, siedelt sie, auf halber Höhe zwischen Himmel und Erde. Unter ihr auf der Erde und im Wurzelgeflecht des Baumes brütet ein Erd-Drache seine Eier aus, Symbol für Fruchtbarkeit. Über ihr in der Baumkrone unter dem Himmel baut ein Vogel sein Nest. Sie aber lebt in der Mitte des Baumes. Ich möchte diesen alten Bericht aus Mesopotamien[12] im

---

[12] Eine Übersetzung des Quellentextes findet sich in Kocku von Stuckrad: *Lilith. - Im Lichte des schwarzen Mondes zur Kraft der Göttin.* Braunschweig 1997

Sinne einer Naturgöttin deuten, die im Zentrum des Weltenbaums wohnt, vereint mit der Pflanzen- und Tierwelt.

In der Ozeanszene wird Liliths Nabel erwähnt und hier die Mitte des Baumes. Lilith hat viel mit Zentrierung zu tun, mit einem Leben aus der Mitte heraus. Wenn wir heute Frauen, die ihre Lilith ausdrücken, als extrem handelnde Exzentrikerinnen erleben, dann nur deshalb, weil wir selbst nicht den Mut haben, aus unserem Zentrum heraus zu leben. Dem eigenen Gesetz gehorchen, das wirkt oftmals auf die Umwelt extrem.

Mars/Lilith-Kampfstrategie

Doch die Geschichte vom Baumhaus ist noch nicht zu Ende. Diese urzeitliche Symbiose mit der Natur wird schließlich durch die anbrechenden patriarchalen Machtstrukturen zerstört. Nun gilt es, sich „die Erde untertan zu machen". Ab jetzt gibt es Könige und einfaches Volk, ab jetzt ist die Ehe ein Pakt zur Besitzvermehrung, ist der Kindersegen ein Kapital. Der Mythos drückt das sehr drastisch aus, indem unter dem Baumhaus die Männer der Stadt erscheinen und den Baum fällen wollen. Sie brauchen Baumaterial für einen Thron und ein königliches Ehebett.

Lilith reagiert sofort: „Thron und Ehebett? – Ohne mich." Die Männer haben Äxte und Waffen, sie sind in der Überzahl. Lilith schätzt Kräfteverhältnisse stets instinktiv richtig ein. Sie gibt kampflos nach, ohne sich im Geringsten als Opfer zu fühlen, reißt einem der Männer die Axt aus der Hand, zerstört unter den verdutzten Blicken der Männer ihr eigenes Baumhaus, verlässt den Ort des Bäumefällens und geht in die Wüste.

Wir lernen daraus, dass der Mars – wenn er mit Lilith verbunden ist – nicht zwanghaft siegen muss. Hier entzieht sich Lilith einfach, verlässt den Kampfplatz und baut sich woanders ein neues Heim auf. Damit bringt sie die Möchtegern-Sieger um ihren Triumph. Sie selbst jedoch wechselt auf eine Ebene, auf welcher es weder Sieger noch Verlierer gibt. Lilith weiß: Es gibt die Zeit im Baumhaus, und es gibt die Zeit der Thronmacher. Sie muss diese nicht abwerten oder totschlagen, aber sie nimmt sich das Recht, dabei nicht mitzumachen.

Kampf für die Ehrfurcht vor dem Leben

Der Mars, wie wir ihn bisher verstanden haben, war durch die Paradigmen der letzten etwa 3.000 Jahre geprägt. Seine männliche Kampfmethode zerstört die Gegner und oftmals auch das Eroberte. In diesem Mythos lehrt uns Lilith eine weibliche Kampfstrategie, die auch schützen und bewahren kann. Ihre Zeit im Baum entspricht einem Miteinander von Mensch, Pflanze und Tier. Die Männer aus der Stadt entwickeln ihre fortschrittliche Zivilisation, aber dazu fällten sie den Lebensbaum der großen Göttin. Der männliche Zivilisationswille führt recht bald zu einem Raubbau an der Natur.

In diesem Sinne bestünde der ideale Kampf einer Mars/Lilith-Persönlichkeit auch im Einsatz für die Einheit der Schöpfung, oder in der „Ehrfurcht vor dem Leben“, wie Albert Schweitzer es immer formuliert hat. Kämpfen muss weibliches Schützen und Wachsenlassen nicht ausschließen. Im Gegenteil: Albert Schweitzer, der so sehr für die Ehrfurcht vor dem Leben kämpfte, hatte in seinem Geburtshoroskop eine Konjunktion von Mars mit Lilith an der Spitze des 2. Hauses, welches für Naturnähe steht und die bewahrenden Kräfte symbolisiert.

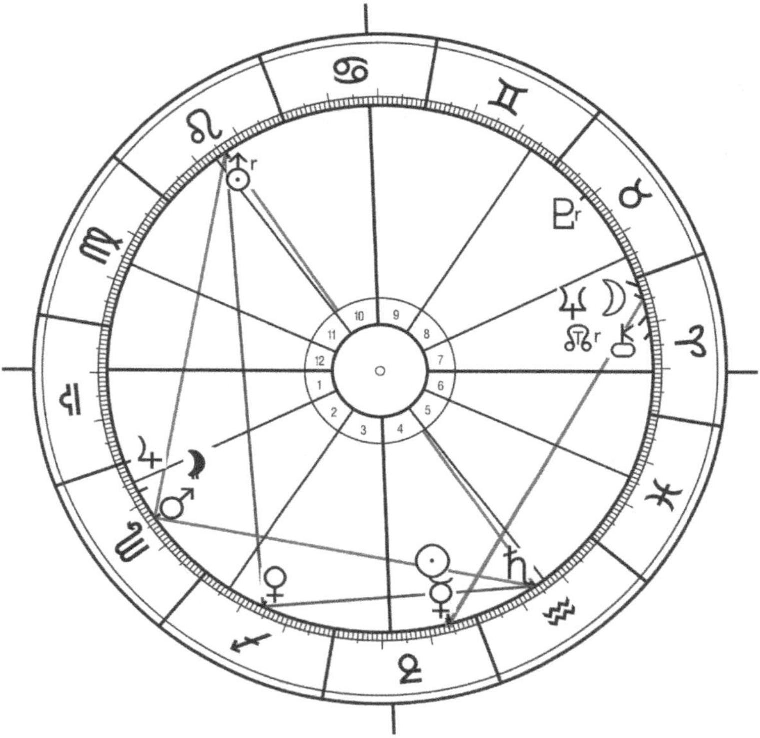

Abbildung 14: Albert Schweitzer, geboren am 14. Januar 1875, um 23:50 Uhr mittlerer Ortszeit in Kaysersberg, Frankreich, 48n08, 7e15

Die darauffolgende Flucht Liliths in die Wüste ist übrigens – ähnlich wie der Rückzug ins Rote Meer - ein Akt der Regeneration. In die Wüste gehen bedeutet in den Mythen meist ein zeitweises Ablehnen der Zivilisation und der üblichen Gemeinschaftsregeln, um zu sich selbst zu finden oder zu den Göttern oder zu einem neuen Gemeinschaftsleben. Wenn Lilith ihr Baumhaus niederreißt und in die Wüste flüchtet, ist dies durchaus eine marsische Tat, welche die dabeistehenden Männer vor den Kopf stößt. Aber dieser aggressive Akt lässt keine Leichen und keine Opfer zurück.

Mars/Lilith-Talente

Lust, zu erobern
Freude an spontaner Sexualität
Sexualität gleichwertiger Partner
Starker ehrlicher Wille
Die Kraft, Nein zu sagen
Siegen mit Respekt vor dem Gegner
Unterliegen ohne Hass oder Opfergefühl
Sich kraftvoll abnabeln können
Einsatz für Autonomie
Kampf für das Leben
Aktiv sein für Natürlichkeit und Natur

Willensstarke Lilith

Fassen wir nun die Mars-Fähigkeiten der mythologischen Lilith zusammen. Schon die erste Paradiesszene zeigt: Sie sagt Nein zu blindem Gehorsam und setzt sich hingegen entschieden für Autonomie ein. Nein zu Hierarchie und Unterdrückung, Ja zu den eigenen sexuellen Bedürfnissen. Durch ihren Auszug aus dem Paradies wird auch deutlich: Lilith folgt nicht einfach dem Mann, sondern kämpft für Niederlassungsfreiheit. Ihre Abwehr sinnloser gesellschaftlicher Regeln ist so entschieden wie ihr Ja zu den natürlichen Instinkten. Die Kampfszene am Fuß des Lebensbaumes lässt sich wie folgt zusammenfassen: Nein zum Raubbau an der Natur, stattdessen Einsatz für ein Leben im Einklang mit der Schöpfung.

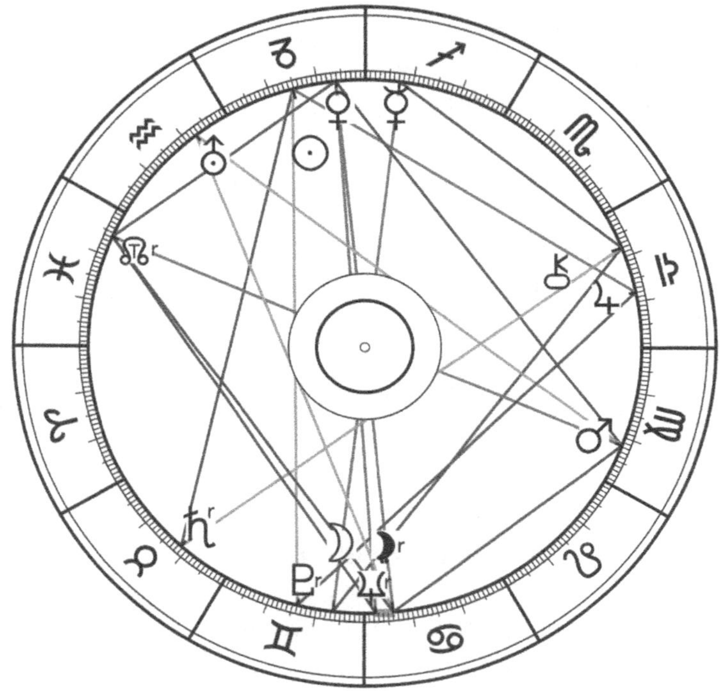

Abbildung 15: Jeanne d'Arc[13]

Jeanne d'Arc, das kleine Mädchen aus der französischen Provinz, wurde unter einem Mars/Lilith-Aspekt geboren. Sie wollte den Krieger-Beruf nicht allein den Männern überlassen, legte selbst eine Rüstung an und zog in den Kampf.

[13] Laut den meisten Quellen ist Jeanne am 6. Januar 1412 geboren (nach dem julianischen Kalender). Der Ort ist Domrémy la Pucelle in der Lorraine, die Zeit unbekannt.

Sie war blutjung und unerfahren. So wurde ihr ausstrahlungsstarker Siegeswille bald missbraucht. Schließlich wurde sie zwischen den Mühlrädern der großen Politik zerrieben und nach ihrer Ermordung zuletzt heilig gesprochen – ein typisches Lilith-Frauenschicksal in der Männergesellschaft. Dennoch war sie eine epochale Pionierin als Frau in der Politik, als Frau mit Visionen, als Frau in Männerkleidern.

Ihr Motiv scheint jedoch ein spirituelles gewesen zu sein. Sie hatte eine mediale Begabung, im Horoskop abgebildet durch die Nähe der Lilith zum Planeten der Inspiration, dem Neptun. Zudem gibt es einen Aspekt von Neptun zu Merkur. Diese Verbindung ermöglicht es, medial empfangene Eindrücke auch als Botschaft auszusprechen. In Visionen sah sie die heilige Katharina und die heilige Margareta. Ohne die geringste theologische Vermittlung, ganz aus dem Bauch heraus, wusste sie daraufhin, was zu tun war, und tat es – Mars-Lilith in Reinform!

Die Unterschrift der Jeanne d'Arc ist geprägt von einem großen schwungvollen Bogen, der den Himmel auf die Erde holen möchte; genauso tief dringt dieser Buchstabe in die Unterwelt ein und taucht in die Urgründe der Mutter Erde hinunter. Die restlichen Buchstaben ruhen in der Mitte, so wie Lilith im Baumhaus in der Mitte zwischen Himmel und Erde wohnte.

Kapitel 12

Andere Lilith-Aspekte

Beim heutigen Forschungsstand scheinen mir die Aspekte der Lilith zu den persönlichen Planeten weit bedeutsamer als jene zu den Langsamläufern Jupiter, Saturn und den geistigen Planeten. Solche Aspekte betreffen eher kollektive und gesellschaftliche Themen. Bei der individuellen Horoskopdeutung, die Gegenstand des vorliegenden Buches ist, sind sie nicht so offensichtlich spürbar wie bei den vorher besprochenen persönlichen Planeten. Selbstverständlich haben aber auch Lilith-Aspekte zu den übrigen Planeten ihre Themen, die hier kurz beschrieben werden.

Auch bei diesen Aspekten lautet das Prinzip: Lilith ist ein Angebot, patriarchale Verfälschungen zu erkennen und zur ursprünglichen, ganzheitlichen Form des entsprechenden Planeten-Talents zurückzukehren. Darauf bezieht sich im Folgenden jeweils der zweite Abschnitt mit dem Titel „Ergänzung". Diese kann auch als Angebot der Transit-Lilith an die betreffenden Geburts-Planeten gelesen werden.

Jupiter/Lilith-Aspekte

Ähnlichkeiten: Lilith und Jupiter verbindet die Offenheit für neue Lösungen. Sie machen sich keine Sorgen wegen vergangenen Ereignissen, sondern sind zukunftsorientiert. Jupiter ist als Nachfolger des Uranus ein Himmels- und Wettergott, der „über den Wolken thront" und auch Lilith mit ihren Flügeln hat Züge einer Himmelsgöttin.

Ergänzung: Der patriarchale Jupiter braucht Anhänger, muss Menschen überzeugen, will von ihnen als der Größte und Beste bewundert werden und bestraft seine Feinde grausam. Zu diesen Schattenseiten Jupiters ist Lilith ein entspannter Gegenpol: Sie fühlt ihre innere Größe und muss sich niemandem beweisen. Wenn wir diese Kombination richtig nutzen, heißt das Ergebnis: Größe ohne Größenwahn. Ich breite mich aus und nehme mir so viel Raum, wie ich brauche, einfach weil dies das selbstverständliche Recht jedes Wesens ist.

Wenn Jupiter mit seiner Wahrheit missionieren geht, steht Lilith verständnislos daneben, denn sie weiß, dass jedes Geschöpf seine Wahrheit in sich trägt. Für sie genügt es, diese zu leben, es gibt keinen Grund, damit bei anderen zu hausieren.

Die Ethik Jupiters ist begründbar und hat den Anspruch, zur allgemein-mitmenschlichen Regel zu werden. Er steht für die Gerechtigkeit der Gesellschaft; verändert sich die Gesellschaft, so verändert sich auch Jupiters Moral mitsamt den Eigenschaften, die als gut und richtig definiert werden. Lilith hat ebenfalls ein starkes Gerechtigkeitsempfinden, allerdings ein sehr archaisches. Es ist unabhängig von gesellschaftlichen Entwicklungen und in letzter Instanz auch jenseits der Unterscheidung von Gut und Böse.

Ein weiteres Thema der Jupiter/Lilith-Verbindung ist die weibliche Priesterschaft und überhaupt die lehrende und Leitlinien setzende Kompetenz der Frauen. Diese Konstellation enthält ferner das Potential, große Visionen mit guter Erdung zu verbinden.

Weitere Chancen der Jupiter/Lilith-Verbindung:

- Idealismus gepaart mit Gelassenheit
- Optimismus trotz realistischen Blickes auf die Tatsachen
- Naturgemäße Ethik
- Entwicklung im Einklang mit den Ressourcen der Erde
- Erfolg mit weiblichen Mitteln

Saturn/Lilith-Aspekte

Ähnlichkeiten: Lilith und Saturn sind zwei weibliche Kräfte, zwei Kräfte der Erde. Lilith hat viele Ähnlichkeiten mit Saturn, der zusammen mit seiner Gattin Rhea die Menschen Ackerbau und Viehzucht lehrte und das goldene Zeitalter begründete, in welchem Natur und Menschen harmonisch zusammenwirkten.

Saturn und Lilith sind ferner Gestalten, die beide ein Gefühl für die Zeit haben. Sie stehen für einen natürlichen Rhythmus des Säens und Erntens. Saturn, weil er als Chronos auch der Gott der Zeit ist; Lilith, weil sie die Stelle der Mondbahn markiert, an welcher der Mond sich Zeit nimmt und regeneriert, wie wir im fünften Kapitel gesehen haben.

Ergänzung: Der patriarchale Saturn hat die Tendenz zu verhärten. Er will alles bis zum bitteren Ende selbst durchstehen und will sich von niemandem helfen lassen. Schaut Lilith dem Saturn über die Schulter, so kommt dieser vielleicht lange vor dem bitteren Ende zur Einsicht, dass nicht alles mit Konsequenz und Härte zu erzwingen ist; er übergibt dann die ganze Sache an seine kreative Freundin Lilith im Vertrauen auf deren Flexibilität und emotionale Kompetenz. Gut delegiert ist halb gewonnen.

Manchmal versucht der patriarchale Saturn, ein Prinzip nicht nur ohne Ansehen der Person, sondern auch zum Schaden der Einzelnen durchzusetzen. An dieser Stelle wird Lilith sofort eingreifen und lieber das Prinzip verraten als das Individuum. Sie erinnert Saturn an sein ursprüngliches oberstes Gesetz: Schutz des Lebens. Saturn braucht solche Nachhilfe von Zeit zu Zeit: Im Mythos musste seine Frau Rhea ihn daran hindern, seine Kinder zu fressen. Sie ahnte, dass die Kinder neue Lösungen für die alte Welt finden würden. Dies ist ganz im Sinne der Lilith. In Saturn erwachte damals dank weiblicher Unterstützung eine neue Regung: Der Stolz auf seine kreativen Kinder, denen er das Leben geschenkt hatte. Zu Recht, immerhin waren Gestalten darunter wie Jupiter, Pluto oder

Neptun. Sie machen zwar das Leben etwas unkontrollierbarer, jedoch dafür farbiger und liebenswerter. Der Saturn mit dem Weiblichen im Bunde darf darauf stolz sein.

Weitere Chancen der Saturn/Lilith-Verbindung:
- Konsequenz ohne Verbitterung
- Alles zu seiner Zeit
- Erdung, Liebe zur Natur
- „Ich gehorche jederzeit meinem eigenen inneren Gesetz."

Uranus/Lilith-Aspekte

Ähnlichkeiten: Der griechische Uranus ist eindeutig ein Nachfahre der älteren weiblichen Himmelsgöttinnen, zu denen Lilith gehört. Er ist von frappierender Kreativität, erfindet dauernd die Welt neu und ist ein großer Gott der Freiheit, und somit auch darin der Lilith ähnlich. Beide verbindet ein trotziges Selbstbewusstsein, welches sie daran hindert, es anderen Leuten recht machen zu wollen. Um eine bessere Zukunft zu erwirken, sind beide bereit, sich unbeliebt zu machen, zu rebellieren und neue Wege zu beschreiten, egal, ob andere dies sofort nachvollziehen können oder nicht.

Ergänzung: Der Freiheitsdrang moderner Menschen, und damit auch der Uranus in unserem Geburtshoroskop, hat einen stark abtrennenden Charakter. Um sich nicht weiter verstricken zu lassen, braucht er Distanz. Er versucht cool zu sein. Er hasst emotionale Leidenschaften, die ihn fesseln könnten, und er hasst das Konkrete und Körperliche, daher seine manchmal zwanghaften Fluchttendenzen. Der patriarchale Uranus hat ein Problem mit den weiblichen Elementen Wasser und Erde. Es ist nicht leicht für ihn, sich auf seine Gefühle einzulassen und sich für etwas mit Haut und Haaren zu engagieren. In diesem Punkt braucht er Lilith als Ergänzung. Sie liebt ihren Körper, die Tiere, die Erde, sie ist hochgradig emotional und in jedem Augenblick des Lebens voll engagiert. Dennoch ist sie frei und lässt sich nie einfangen und in etwas verstricken.

Lilith schenkt Uranus ein neues Freiheitsgefühl, weiblicher und warmherziger. Uranus flieht ohne Lilith „cool" aus der Beengung, mit kühlem Geist und kühlem Herzen. Uranus im Bund mit Lilith flieht zornig aus der Beengung und gründet dann mit heißer Leidenschaft eine neue Welt.

Auch als Schutzgott der Astrologie könnte Uranus vielleicht nach 3.000 Jahren unverbindlichen Single-Daseins mal wieder eine Frau an seiner Seite gebrauchen. Schließlich wird seine Kunst heute überwiegend von Frauen ausgeübt. Zudem sind sowohl „Astrologie" als auch „Freiheit" in allen mir bekannten Sprachen weiblichen Geschlechts.

Weitere Chancen der Uranus/Lilith-Verbindungen:
- Autonomie verbunden mit der Fähigkeit, sich einzulassen
- Freiheit ohne Verantwortungslosigkeit
- Revolution des Herzens
- Solidarische weibliche Rebellion
- Organische zyklische Erneuerung

Neptun/Lilith-Aspekte

Ähnlichkeiten: Der Herr der Gewässer hat manche Verbindungen zur Lilith. Wir haben sie als „die Frau im Meer" kennengelernt, wenn sie „bis zum Nabel im reißenden Ozean stehend" ihre Kräfte erneuert. Dort befiehlt ihr der männliche Gott des Alten Testaments, sofort zurückzukommen, und zwar in den Garten Eden, jenes Einheits-Paradies, in dem doch alles so „gut" ist. Jedenfalls für machtbewusste Männer. Wenn Lilith im Roten Meer stehend dieses Angebot lachend ablehnt, ist sie bereits zur Einheit zurückgekehrt. Aber nicht in den Garten Eden mit seinen Hierarchien, sondern in den Urozean des Lebens. Das Meer als einer der Aufenthaltsorte Liliths steht für das große Ganze, einschließlich des Unbewussten. Die Sehnsucht nach Einheit und Ganzheit verbindet Neptun und Lilith.

Neptun ist im astrologischen System der Gegenpol zu Merkur, dem Symbol für Begriff und Sprache. Daher ist Neptun auch ein schweigender Gott. Er schweigt, um zwischen den Zeilen zu lesen und jenseits der logischen Begriffe unaussprechliche Seelenregungen spürbar werden zu lassen. Auch Lilith kann schweigen. Einerseits steht sie für jene instinkthaften Aktionen, die aus dem Bauch kommen und keine Begründung und keine Worte brauchen. Andererseits haben wir im Kapitel über Merkur-Lilith gesehen, dass sie am Ende jenes „Ehestreits" mit Adam deshalb schweigt, weil es nichts mehr zu sagen gibt. Sie verschwendet ihre Kraft nicht an Worte, sondern investiert sie in die lösende Tat. Das tut sie übrigens auch aus Empathie gegenüber Adam, denn Worte wären in solchen Fällen nicht mehr klärend, sondern nur noch verletzend.

Ergänzung: Neptun hat es im Patriarchat nicht leicht und droht durch den Lärm der Welt übertönt zu werden. Er hat daher oftmals die Tendenz, das Grobe zu meiden und sich in Freiräume zurückzuziehen, in denen sanfte Meditationsmusik säuselt. Lilith aber hat ihre Spiritualität jederzeit in sich, auch mitten im lauten Lebenskampf. Sie ist Spiritualität. Daher ist die Beschäftigung mit spirituellen Inhalten für sie keine Flucht in eine „bessere Welt". Das kann unserer leisen Neptun-Stimme Mut machen: Aus der sanften, leicht zerstörbaren Hoffnung Neptuns kann unter Liliths Einfluss ein vitales, mutiges Vertrauen ins Leben werden. Ein Ja zum Leben, auch zu den Stürmen des Lebens. Für Lilith ist es eine Freude, Wind und Regen auf ihrem Körper zu spüren.

Unter Einwirkung der patriarchalen Trennungen ist noch etwas anderes geschehen: Wenn Situationen nicht mehr auszuhalten sind, geht unser Neptun oftmals tief in die Gefühle hinein und tut sich leid. Um es nicht weiter aushalten zu müssen, flieht er dann in Illusionen und Täuschungen. Steht jedoch die Urwaldfrau Lilith hinter Neptun, findet dieser zu seinem Mut zurück und lässt alle Energie in die Tat hineinfließen: Entweder verändern oder die Situation verlassen. Täuschung und Selbsttäuschung sind Symptombekämpfung, Lilith aber kann Heilung bringen mit ihrem realistischen Blick und ihrer unerschütterlichen Lebenskraft. Sie kann Neptun damit eine Eigenschaft zurückgeben, die wir modernen Astrologen mit unserem allzu ätherischen Neptun-Bild fast vergessen haben: die Kraft, wirkungsvoll ins diesseitige Leben einzugreifen. Die antiken Menschen sahen das noch deutlicher und nannten Neptun „den Erderschütterer".

Weitere Chancen der Neptun/Lilith-Verbindungen:
- Vertrauen ohne Selbsttäuschung
- Gelebte Spiritualität
- Mut statt Selbstmitleid
- „Im Schweigen spricht die Seele"
- „Meine Seele ist ewig und unverletzbar"

Pluto/Lilith-Aspekte

Ähnlichkeiten: Nach jahrelanger astrologischer Tätigkeit bin ich mir inzwischen ziemlich sicher, dass Pluto ein weibliches Prinzip ist. Die Tatsache, dass der griechisch-römische Pluto ein männlicher Gott ist, sollte uns nicht darüber hinwegtäuschen. Ich setze beim Deuten der Pluto-Stellung im Horoskop in Gedanken immer Persephone an seine Seite (römisch Proserpina): Plutos Gattin ist eine faszinierende Gestalt, die vollständig mit der Symbolik des Horoskop-Pluto übereinstimmt. Sie ist eine Herrin zweier Welten, eine Unterwelts-, Wachstums- und Zyklus-Gottheit. So gesehen hat Lilith extreme Ähnlichkeit mit dem Pluto-Persephone-Prinzip. Lilith und Pluto sind in manchen Punkten kaum gegeneinander abzugrenzen, die Themen beider Kräfte fließen ineinander über. Jedenfalls ist dies meine persönliche Erfahrung; eine selbstkritische Bemerkung zu dieser These findet sich im abschließenden letzten Kapitel.

Die Ähnlichkeit besteht in der archaischen Tiefe beider Archetypen. Lilith, genauso wie Pluto, sind direkter Ausdruck des Überlebenstriebs unserer Gattung, des Sexualtriebs, dem wir alle unser Leben verdanken. So steckt in ihnen auch das Gegenmittel gegen alle patriarchalen Tabus und Verhaltensgewohnheiten, die darauf hinauslaufen, solche Triebe zu zügeln oder außer Kraft zu setzen. Bei Lilith ebenso wie bei Pluto kann dieser lebensrettende Mut zum Tabubruch notfalls Jahrzehnte im Unbewussten warten, sozusagen im Bereitschaftsdienst verharren, um uns dann im kritischen Augenblick – an der bewussten Lebensplanung vorbei – jene Entscheidungen treffen zu lassen, die der Verstand „Fehlentscheidung" nennt, die in unserer patriarchal kultivierten Seele Schuldgefühle hervorrufen und dennoch dem Urgesetz des Rechts auf Leben dienen.

Solange Sexualität und Kinderkriegen an gesellschaftliche Rahmenbedingungen gefesselt sind, verleihen Pluto und Lilith gemeinsam die Kraft, die Regeln zu brechen. Die Triebkraft der Sexualität sowie die Natur-Notwendigkeit, Kinder zu zeugen, sind stärker als alle Verstandeskontrollen. Falls uns so etwas „passiert" – eine verbotene Liebe, eine ungeplante Schwangerschaft oder Ähnliches – dann ist sehr zu hoffen, dass wir mit unseren besser erzogenen Persönlichkeitsanteilen nicht dagegen Widerstand leisten. Wir sollten jenen vernünftigen Planeten zwar Wertschätzung geben, da sie sonst oft ganz nützlich sind; in diesem Fall jedoch hat nicht der Verstand, sondern das Leben selbst entschieden.

Ergänzung: Da wir in der modernen Gesellschaft aufgewachsen sind, neigt unser Pluto zu Machtspielen. Aus Angst ziehen wir dann wie der mythologische Unterweltsgott eine Tarnkappe auf und versuchen, das Leben heimlich zu manipulieren und unter unsere

Kontrolle zu zwingen. In einem solchen Fall kann Lilith dem Pluto die Hand auf die Schulter legen und sagen: „Du verbrauchst nur unnötig Energie damit. Spring in den Fluss des Lebens, er führt dich sicherer."

Redet uns Pluto hingegen ein, dass wir machtlose Opfer seien, dann reagiert Lilith kopfschüttelnd. Sie weiß nicht, was ein Opfer ist, denn sie war in ihrem Urwald, als die patriarchalen Täter-Opfer-Spiele erfunden wurden. Wenn sie hinter Pluto steht, der sich gerade in die Opferhaltung begeben hat, wird sie ihm den Rücken stärken und empfehlen: „Schenke deine Energie nicht den Tätern, sondern dir. Verändere etwas oder steig aus. Ich gebe dir die Kraft dazu."

Weitere Chancen der Pluto/Lilith-Verbindungen:

- Die eigene Macht spüren
- Kraftvolle eigenwillige Sexualität leben
- Tabulose Ehrlichkeit sich selbst gegenüber
- Lustvoll leben und überleben
- „Ich lasse alles Lebendige fröhlich leben und lasse alles Todgeweihte fröhlich sterben."

Kapitel 13

Offen bleiben

Um Liliths Chancen voll zu nutzen, sollten wir die gewohnten Pfade verlassen und offen bleiben für Experimente. Während es bei der Entwicklung der übrigen Horoskop-Anlagen sicher gut ist, aus der Erfahrung zu lernen und das Wissen von Autoritäten zu nutzen, sollten wir Lilith besser selber erfahren und eigenständig entwickeln.

Wenn Ihnen beim Lesen einige meiner Erfahrungen und Erfindungen eingeleuchtet haben, dann freut es mich. Gehen Sie lustvoll mit diesem Neuen um! Anderes brauchen Sie mir nicht unbedingt zu glauben. Selbstverständlich ist meine Sicht auf dieses Thema subjektiv. Beispielsweise habe ich im vorigen Kapitel die These aufgestellt, dass Lilith und Pluto schwer zu unterscheiden seien und deren Themen ineinander übergehen. Das ist möglicherweise nur subjektiv für mich persönlich gültig, denn ich habe selbst einen Lilith-Pluto-Hauptaspekt in meinem Geburtshoroskop.

Bei Lilith gilt: Richtig ist, was funktioniert, was unser Herz berührt und uns Lust macht, eine neue Sicht oder Handlungsweise auszuprobieren. Das Übrige brauchen wir nicht „zu lernen", bloß weil ein Autor es schreibt. Ich halte Experimentierfreude und Offenheit für die beste Voraussetzung zum Erfassen der Lilith.

Dies gilt insbesondere für jene Lilith-Deutungen in diesem Buch, die meine eigene Schöpfung sind und unter Astrologen noch nicht zum Standard geworden sind, nämlich für den tropischen Urwald und das Bild der Urwaldfrau, meine Deutung der Lebensräder, ferner für das Element der unerziehbaren Lilith und speziell für die Apogäum-Deutung als „eigener Rhythmus". Mir persönlich erscheinen diese Auslegungen zwar astronomisch und symbolgeschichtlich gut begründet, dennoch kann niemand wissen, ob sie sich nach der vorliegenden Veröffentlichung allgemein durchsetzen werden. Und selbst bei jenen Lilith-Deutungen, die sich bereits etabliert haben, ist es gut, nichts als endgültige Weisheit zu nehmen, sondern als Material zum Experimentieren.

Weil Lilith mit ihren Flügeln eine Himmelsgöttin ist, ist sie auch eine Schutzgöttin der Astrologie. Sie steht dann für die Notwendigkeit unserer Generationen, die Astrologie ein Stück weit neu zu erfinden, d.h. alles Bekannte durch eine andere, weiblichere Brille wahrzunehmen. Allein die Tatsache, dass Lilith kein Planet ist und dennoch in der astrologischen Deutung eine „Götter"-Gestalt erhalten hat, stellt eine Revolution dar. Revolution macht man nicht, indem man sich in Sicherheit wiegt und Buchwissen auswendig lernt. Revolution macht man, wenn einen die prickelnde Lust überfällt, Neues auszuprobieren.

Das Wissen über Lilith dürfte sich von Jahr zu Jahr bereichern und verändern. Sollte sich das hier vorgelegte Material über die Lilith-Aspekte in 50 Jahren als überholt erweisen, dann würde mich das nicht wundern, sondern erfreuen. Allerdings werde ich mich in 50 Jahren ohnehin nicht mehr wundern, sondern irgendwo im Jenseits herumtreiben.

Die Lilith-Forschung ist noch jung. Es ist zu hoffen, dass viele kreative Frauen und Männer Lilith immer wieder neu erfinden. Erschaffen Sie sich ihre eigene Lilith, liebe Leserin, lieber Leser! Nehmen Sie die Urwaldfrau mit in Ihre Träume, zum Einkaufen, zur Arbeit, wo immer Sie sind. Geben Sie Lilith eine Chance, Ihre übrigen Planeten-Figuren zu deren natürlichen Instinkten zurückzuführen.

Über den Autor

Ernst Ott, geboren am 13. Juli 1950 um 10.30 Uhr in Winterthur, Schweiz. Hauptberuflich leitet er eine Astrologieschule in Karlsruhe und ist als beratender Astrologe tätig. Außerdem bietet er astrologische Kunst-Events und -Reisen an. Er schreibt regelmäßig Artikel in Fachzeitschriften. Bisher sind von ihm folgende Bücher erschienen *Der Deszendent – das Tor zur Partnerschaft (1999)*, *Lebensweg-Analyse* (2001), *Astrologie mit Tarot* (2005) sowie *Pluto im Steinbock 2008-2024* (2008).

Sie erreichen den Autor über folgende Adresse:

Ernst Ott
Mathystr. 21
D – 76133 Karlsruhe
Telefon (Deutschland) 07 21 – 35 78 27
www.astrologieschule.org
ott@astrologieschule.org

Weitere Bücher von Ernst Ott

Ott, Ernst

Der Deszendent

Das Tor zur Partnerschaft im Horoskop
Paperback, 265 Seiten, 34 Abbildungen, 3. Auflage
ISBN 978-3-925100-43-7

Warum fühlen wir uns zu einem bestimmten Menschen hingezogen? Was wollen wir in der Liebe erobern? Welche Machtspiele treten in der Beziehung auf? Was bedeutet es sich zu binden? An welche Grenzen geraten wir in einer Beziehung? Sie erhalten ausgiebige Beschreibungen des Deszendenten in den Tierkreiszeichen, jeweils mit dem dazugehörigen Selbstbild und Partnerbild.

Ott, Ernst

Lebensweg-Analyse

Lehrbuch der astrologischen Progressionen
122 Seiten, Paperback, 14 Abbildungen, 4. Auflage
ISBN 978-3-925100-55-0

Mit der Zeit gehen! Wenn Sie Ihre Progressionen studieren, so kennen Sie die Themen und Strategien, mit denen Sie in einem bestimmten Zeitraum erfolgreich sein können. Damit verschwenden Sie Ihre Kräfte nicht an Projekte, für welche die Bedingungen noch nicht reif sind, sondern investieren in Bereiche, die von der Zeitqualität gefördert werden. Ein praktisches Lehrbuch, das zeigt, wie Sie die Progressionen berechnen und deuten.

Ott, Ernst

Astrologie mit Tarot

211 Seiten, Hardcover, 107 Abbildungen
ISBN 978-3-89997-122-4

Horoskopsymbole und Tarotkarten ergänzen sich ideal. Der Autor zeigt, wie man mittels der Tarotkarten das eigene Horoskop besser verstehen kann. Außerdem stellt der Autor alle Methoden und Legetechniken vor, die er im Verlauf von kombinierten Astrologie-mit-Tarot Beratungen entwickelt hat. Der Leistungsdruck für Berater, stets die „richtige“ Deutung vorformuliert zu haben, entspannt sich, wenn die Sitzung um ein kreatives Element bereichert wird. Denn Bilder sprechen unmittelbar die Seele an.

CHIRON VERLAG